# 大学英语教学与模式创新研究

赵　辰◎著

重庆出版集团　重庆出版社

**图书在版编目(CIP)数据**

大学英语教学与模式创新研究/赵辰著. —重庆:重庆出版社,2023.9
ISBN 978-7-229-17949-6

Ⅰ.①大… Ⅱ.①赵… Ⅲ.①英语—教学研究—高等学校 Ⅳ.①H319.3

中国国家版本馆CIP数据核字(2023)第170403号

**大学英语教学与模式创新研究**
DAXUE YINGYU JIAOXUE YU MOSHI CHUANGXIN YANJIU
**赵 辰 著**

责任编辑:钟丽娟
责任校对:冉炜赟

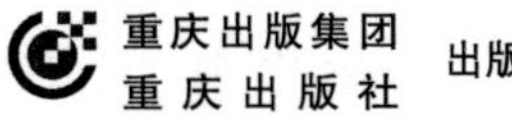
出版

重庆市南岸区南滨路162号1幢 邮编:400061 http://www.cqph.com
北京四海锦诚印刷技术有限公司印刷
重庆出版集团图书发行有限公司发行
E-MAIL:fxchu@cqph.com 邮购电话:023-61520646
全国新华书店经销

开本:787mm×1092mm 1/16 印张:9.25 字数:220千字
2024年7月第1版 2024年7月第1次印刷
ISBN 978-7-229-17949-6
**定价:68.00元**

如有印装质量问题,请向本集团图书发行有限公司调换:023-61520678

# 前言

随着国际交流与国际交往日益密切，英语人才的需求越来越大，对英语人才的培养也提出了更高的要求，同时大学英语教学方式、教学模式以及教学理念等都有所变化。大学作为培养高素质人才的重要基地，在输出高素质英语人才方面发挥着举足轻重的作用，因此，提高我国大学英语课堂教学质量水平，对大学英语教学模式进行改革和创新已经迫在眉睫。

鉴于此，笔者撰写了《大学英语教学与模式创新研究》一书，在内容编排上共设置六章：第一章作为本书论述的基础和前提，主要阐释大学英语教学内涵及发展、大学英语教学的理论依据、大学英语教学的原则与要素、大学英语教学的必要性与创新意识；第二章围绕大学英语教学的内容构建展开，包含大学英语听力教学、大学英语口语教学、大学英语阅读教学、大学英语写作教学、大学英语翻译教学；第三章是大学英语教学方法的创新；第四章探讨大学英语教学的多元化模式；第五章是大学英语的信息化教学模式创新，内容涵盖大学英语的微课教学模式、大学英语的慕课教学模式、大学英语的翻转课堂教学模式、大学英语线上线下混合式教学模式；第六章突出实践性，从大学英语多维互动教学模式及其成效、在线教学背景下的多维互动教学模式创新、大学英语教学中多维互动教学模式的应用、信息化背景下大学英语多维互动教学模式的应用，研究了大学英语的多维互动教学模式。

本书内容翔实、结构科学、语言严谨、逻辑清晰，且知识点全面，可读性强，坚持由浅入深，适用、实用的原则，注重理论与实践的紧密结合，让读者学习基本方法与理论，且注重实践，能够更好地满足社会的需求，同时助推大学生的更好发展。

笔者在撰写本书的过程中，得到了许多专家学者的帮助和指导，在此表示诚挚的谢意。由于笔者水平有限，加之时间仓促，书中所涉及的内容难免有疏漏之处，希望各位读者多提宝贵意见，以便笔者进一步修改，使之更加完善。

# 目　录

# 第一章 大学英语教学概论

## 第一节 大学英语教学内涵及发展

### 一、大学英语教学的内涵

#### （一）大学英语教学的基本内涵

英语是一门常见的课程，英语教学是一种非常常见的教学活动。从教师的角度出发，英语教学指的是在教师的指导下所开展的教育活动，从学生的角度出发，它指的则是学生在教师的辅助下所开展的学习活动。很显然，学习效果如何主要是由学生体现的，要想让教学目标得到顺利实现，就必须让学生获得的知识增加。对于教学而言，是一个由学生与教师共同完成的过程，教学活动的顺利开展离不开师生的良好互动，在这个过程中，学生通过吸纳知识，从而获得全面发展，基于以上理解，可以将英语教学的内涵总结为以下方面：

第一，任何教学活动的开展都是有目的的，英语教学也不例外，在不同的教育阶段，教育目标是不一样的。

第二，英语教学拥有完善的教学体系，所以教师在教学的时候应该体现出知识内部之间的联系。

第三，从教学内容上看，英语教学涵盖语音、语法、词汇、听力、口语、阅读、写作、翻译、口译等多方面的教学内容，所以教师在教学的时候应该采用合理的教学方法以及教学工具，尤其是应该采取现代的科学教育技术，只有这样才能取得更好的教学效果。

由此可见，英语教学有以下界定：英语教学指的是在系统性教学目标的指引下，按照一定的目的并借助一定的手段，由教师主导、学生参与的一种教学活动。

### （二）大学英语教学的文化内涵

大学英语文化教学所包含的内容是非常丰富的，不仅涉及英美文化、民俗风情，还涉及这些民族文化的使用等。“文化也是某一民族在长期的历史发展进程中所积淀下的精华。”①

英语教师就应该多角度地去分析英美文化背景知识，并且在教学的时候遵循以学生为中心的原则，全方位地培养学生。同时，教师还应该重视对学生智力以及非智力因素的开发，将学习者看作动态发展的个体，尽可能地开发出学生的潜能。另外，在使用教材时，英语教师应该重视对人文内涵知识的阐述，也应该融入一些礼仪、艺术等方面的内容，并且多开展一些与实际生活联系紧密的活动，让学生能全身心地投入其中。教师要想给学生传授人文知识，自身就应该对人文知识有深刻认知，这样才能将人文知识的讲授完美地融入教学过程中。

总而言之，教师在教学的时候应该秉承人文主义教育的理念，从而让学生变得更加完美，实现教育教学的最终目标。为了达成人性完美的最终目标，教师在课下以及课上都应为此做出一些努力，其目的也是在于推动学习者各项语言技能的提高，从而让学生都能成为品格高尚、感情丰富、适应性强的人才。

## 二、大学英语教学的发展

### （一）英语教学观念的转变

大学英语的教学要在进行基本语言技能训练的同时，逐渐将其转化为应用语言的能力，要广泛地阅读，接触丰富的语言材料，教学地道的表达方式，拓宽知识面，丰富自己的思想。同时，一定的输入（阅读、听力）后必须有一定的输出量（写作、口语），将学到的表达方式加以应用。

大学期间，有充足的时间、充分的空间寻求个人发展，要做好独立的自我规划和自我管理。英语教学本身是一项完整的心理活动，是智力因素和非智力因素的协调活动，需要各种因素充分发挥积极作用。第一，智力因素方面，在日常生活中缺乏语言环境时，可以通过想象弥补，如练口语时的自言自语，需要想象自己在一个特定的环境中和其他人对话；第二，单词记忆方面，想象也起到很大作用；第三，非智力因素方面，对于一个人的教学和今后的工作生活都起到至关重要的作用。意志的约束会形成一种习惯，之后会产生

① 朱金燕. 大学英语教学改革探索［M］. 武汉：中国地质大学出版社，2018：5.

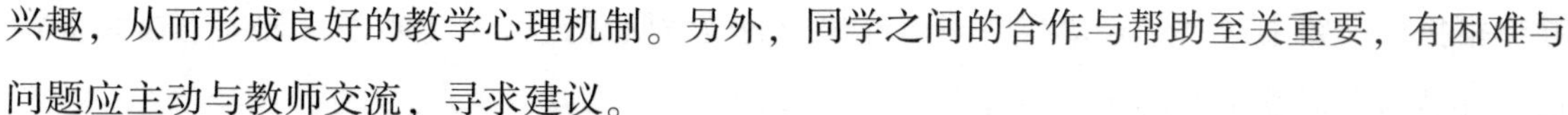

兴趣，从而形成良好的教学心理机制。另外，同学之间的合作与帮助至关重要，有困难与问题应主动与教师交流，寻求建议。

新的个性化、自主式的教学模式，需要学生充分调动自身积极性，确立学生在教学过程中的主体地位。教学成功的重要前提是学生个性化教学方法的形成和自主学习能力的培养。英语教学的转变主要体现在以教师为中心、单纯传授语言知识和技能的教学模式向以学生为中心，既传授一般的语言知识与技能，又注重培养语言运用能力和自主学习能力的教学模式转变。

### （二）英语教学方法的革新

第一，制订合适自学计划。英语教学计划可分为长期和短期两种。长期计划可设定整个大学英语所要达到的程度，短期计划则可给自己规定每个学期、每月、每周或每天应教学的内容。长期计划是给自己树立一个教学目标，而短期计划则会提醒自己每天都在朝着这个目标迈进。必须注意的是，制订计划时要根据自己的实际情况，简单而切实可行。另外，在教学过程中可以对计划进行适当调整，以适应变化的情况，并且实施计划要认真和坚持。

第二，积极创造语言教学环境。良好的环境对于语言教学起到重要作用。课上的时间有限，不能仅靠课上的时间，学生还应创造课外的教学环境，使自己始终置身于英语世界中。例如，坚持与同学用英语进行交流，积极参加各种英语竞赛，坚持听英语广播、英语讲座，看英文电影、录像，同外国人谈话，看英语书籍、杂志等，逐渐习惯用英语思维。

第三，充分利用英语教材。英语教材在大学里依然是进行英语教学的系统工具，其中的课文绝大部分摘抄自原文，语言材料丰富多样，出现的词汇也比较常用，课后练习经专家审定，又经多次试用、反复修改，无疑对整个英语的教学大有裨益。学好教材要注意三点：认真完成课前预习；充分利用课堂时间；及时做好课后复习。

总而言之，大学英语教学在目标方面，更注重学生实际英语综合运用能力，尤其是听、说能力的培养，而不是单纯为了考试。在英语教学中，教师会强调语言应用能力的培养，要求大家在用中学，学中用，把课本的知识通过教师指导、在同学的相互帮助下加以应用，在应用中发现问题、解决问题，从而得到提高。

在教学方法上，大学英语教师更多的是学生教学的组织者和指导者，给学生介绍方法、指出方向，引导学生思考，组织学生讨论，在思考中教学，在讨论中提高。大学英语教学在方法上，更加提倡个人的自我管理能力和自主教学能力，学生要认真完成教师布置的教学任务，根据自己的具体情况，制订详细的短期、中期和长期的英语教学目标和计划并严格执行；要主动、充分地利用一切可利用的教学资源进行自主教学，如图书馆和大学英语部的网上资源库等。

### （三）英语教学发展的背景

如今，教育信息化已在国内高等教育界掀起了教育变革的浪潮，并必将使教育教学理念、教学方式方法、教学资源配置、教学管理体制等方面产生剧烈的变革。基于网络平台的优质学术资源可方便地传播和共享，促进了教育公平及均衡发展。

随着信息化在全球范围内的迅速扩展，以及信息技术在教育领域的广泛应用，教育信息化已经成为教育发展过程中的一场深刻变革。从教育教学过程而言，教育信息化在高等教育方面主要推动了以下方面的变革：

第一，信息技术的支撑。信息技术在教学过程中的融入，让教学的方式方法发生了深刻的变革，如多媒体教学、网络教学、数字化教学等多样化教学方式的出现，使信息化成为高等教育育人过程的基本条件。

第二，教育理念的创新。信息化推动了教学模式和方式方法的改革，对整体的教育教学过程都产生了深刻的影响，如课程组织、管理方式、评价体制、激励机制等方面都需要重新架构。

第三，实现教育的个性化。信息技术在教育领域的介入和信息化教学平台的应用，使传统的难以实现的教学管理组织和要求成为现实。面对知识水平参差不齐的学习对象，教师可以通过信息化手段，实现学生学习层次的分类进而开展个性化、模块化教学。

高等教育教学信息化是教育信息化工作的核心，是关系到高等学校教育教学改革的关键环节，促进高校信息技术与教育教学的深度融合，已成为现阶段教学改革的主要趋势，这一趋势下的主要工作就是，围绕应用信息技术手段创新人才培养模式和课程教学模式，研究建立信息化教学中，针对学生的学习评价机制和针对教师的教学评价与激励机制，以及推动高校基于信息技术的“跨校选课、学分互认”、课程共享机制建设和激励优质课程资源共享等。从外部环境而言，经济社会发展，对大学的人才培养需求和学生的个性化学习要求，使高等院校把握教育信息化趋势下的大学英语教学改革，大胆探索，从基于信息化环境的校内公共课程内容建设、教学模式建设、评价机制建设等方面入手，结合教学实际打造适合自身的信息化教学新模式。

### （四）英语教学改革的需求

需求可分为社会需求和个人需求，社会需求主要指社会和用人单位对有关人员英语能力的需求，个人需求指学生目前的实际水平与希望达到的水平之间的差距。在英语教学领域，需求分析具有四方面重要作用：①为制定英语教育政策和设置英语课程提供依据；②为英语课程的内容、设计和实施提供依据；③为英语教学目的和教学方法的确定提供依据；④为现有英语课程的检查和评估提供参考。因此，从需求角度进行大学英语教学改革是必要的。

目前，全国各高等院校正在开展大学英语教学的改革，设计出基于本校的科学的、系统的和个性化的大学英语教学大纲和实施方案，首要任务是了解学习者、教师、社会等各方面对大学英语教学的需求。因此，为了适应各方面的需求，大学英语教学改革的趋势是：大学英语同专业结合，走专业化发展道路不仅满足了社会需求，同时，也为自己找到了新的、顺应社会发展的时代方向。

## 第二节 大学英语教学的理论依据

### 一、大学英语教学的语言学理论

#### （一）语言学理论的基本功能

1. 微观功能

微观功能是语言功能理论的重要组成部分，这一功能主要表现在语言学习的初级阶段。微观功能有以下组成部分：

（1）个人功能。个人功能强调的是个人运用语言的表达，即个人的思想、情感、观点都可以通过学生自身来表达，这就是微观功能中的个人功能。

（2）规章功能。规章功能强调的是对他人语言表达行为的一种控制行为。

（3）想象功能。想象功能强调的是语言的创造性，在语言这一功能的影响下，能够对环境进行创造。

（4）工具功能。工具功能强调的是语言的工具性。学生可以根据自己的实际需要通过语言这一工具来获取知识、信息等，从而满足自身的实际需要。

（5）启发功能。启发功能强调的是对学生学习和探索世界的启发性。在这一功能的影响下，学生可以更好地学习和探索世界。

（6）相互关系功能。相互关系功能强调的是语言并非孤立存在，学生可以借助语言的这一功能来认识其他事物。

(7) 信息功能。信息功能强调的是学生可以借助语言来向社会上其他人传递信息。

此外，学生的语言是十分简单的。在一句语言表达中，语言中蕴含的功能也是单一的。随着学生的不断成长，学生的语言也会发生变化，并向着成人语言的方向变化发展。同时，在学生语言的发展中，微观功能逐渐变弱，语言的宏观功能开始凸显。

2. 宏观功能

宏观功能是在微观功能的基础上出现的，宏观功能要比微观功能复杂得多。随着学生的成长，语言也在不断发展。学生语言向成人语言过渡的过程，也就是语言功能从微观功能向宏观功能过渡的过程。宏观功能在语言中有以下方面作用：

(1) 实用功能。宏观功能中的实用功能强调的是语言作为工具的一种实用性。语言的这一功能是在工具功能、相互关系功能的基础上形成的。了解语言的实用功能对语言宏观功能的研究具有十分重要的意义。

(2) 理性功能。理性功能强调语言是一种策略和途径，学生可以通过这一策略和途径来学习语言和认识世界。理性功能的产生与微观功能中的个人功能、启发功能都有着十分紧密的联系。

宏观功能在语言研究中发挥着不可替代的作用，是学生语言演变和语言功能发展中必须经过的阶段。宏观功能与微观功能、纯理功能都有着紧密的关系。同时，宏观功能揭示了语言功能的社会价值，反映了语言创造的意义和价值。

3. 纯理功能

语言功能理论中除了包括微观功能和宏观功能以外，还包括纯理功能。纯理功能在语言功能理论中发挥着至关重要的作用，是语言功能理论研究不可缺少的功能。纯理功能由以下方面功能组成：

(1) 人际功能。人际功能实际上就是强调语言对人际关系的影响。语言对人际关系的影响是很大的，在人际功能的影响下，语言使用者能够借助语言来表达自己的思想、态度、情感、观点等，并通过自身的语言来影响其他人的思想、观点、行为等。

(2) 篇章功能。“篇章功能强调的是语言创造语篇的功能，而语篇并不是孤立存在的，而是与语境相互联系的，同时，语篇在语言功能理论研究中比较常见，它还具有功能性的特点”①。

(3) 概念功能。概念功能属于纯理功能的范畴，在语言功能研究中，语言的概念功能

---

① 吕兴玉. 语言学视阈下的英语文学理论研究［M］. 长春：东北师范大学出版社，2017：203.

强调的是对经验的解码，注重的是对主客观事物的表达。无论是解码，还是在表达过程中，都是通过概念的形式进行的。

此外，纯理功能中的人际功能、语篇功能和概念功能是相互作用的，这三种功能在大多数时候都会同时出现。语言功能理论是语言学理论的重要组成部分。总而言之，语言功能理论研究对语言学理论研究，具有十分重要的意义，尤其是语言功能理论，为交际法教学流派的出现和发展奠定了理论基础。

### （二）语言学理论的二语习得

二语习得理论是克拉申（S. Krashen）于20世纪70年代提出的，二语习得理论在语言学理论研究中也占据着重要作用。下面对二语习得理论的具体内容进行分析：

1. 二语习得理论的自然顺序假设

“无论是某种语言的语法还是某种语言的结构都不是杂乱无章的，而是有一定的顺序”①。所以，自然顺序假设在二语习得理论中起着不可替代的作用。

2. 二语习得理论的学习假设

二语习得理论的学习假设是对习得和学习进行系统论述。“学习与习得是两个不同的概念，也是语言学习者获得语言的不同途径，更是语言学习者学习语言的重要策略”②。学习主要强调的是有意识地学习语言的过程，而习得强调的是无意识学习语言的过程。由于学习和习得强调的着重点不同，所以最终获取的结果也就不同。此外，还需要强调的一点是，要想培养和提高学习者的交际能力，就应该鼓励学习者通过习得的方式来理解和掌握语言，因为，学习语言在培养和提高学习者交际能力方面的作用是微乎其微的。如果要想对语言进行监控和修正，就应该鼓励学习者通过学习来理解和掌握语言。因此，学习者应该根据自己的需求来选择掌握语言的方式。

3. 二语习得理论的输入假设

在二语习得理论研究中，输入假设的特征主要包含以下方面：

（1）应该具有足够的输入（i+1）。对于i+1这一公式，学习二语习得理论的人并不陌生，它的提出者是克拉申，这一公式强调的是语言材料不能局限于习得者的现有水平，应该略高于习得者的现有水平。同时，这一公式还强调了习得者应该不断理解输入语言，不断积累语言习得经验，从而实现自动输入的目的。

---

① 丁睿．大学英语教学发展研究［M］．长春：吉林人民出版社，2019：7.

② 李婷．跨文化交际研究与高校英语教学创新探索［M］．北京：九州出版社，2019：55.

（2）输入的语言应该具有可理解性。要想进行语言习得，就必须使输入的语言具有可理解性，这是语言习得的前提。如果输入的语言不具有可理解性，那么这种语言就没有意义，也不利于激发学习者的兴趣。

（3）保证输入语言的趣味性和关联性。趣味性和关联性的输入语言，不仅能够调动学习者学习的积极性和主动性，还有利于提高语言学习者的效率，最终更好地理解和掌握语言。

（4）注重非语法程序。要想更好地习得语言，就应该注重教学活动的非语法程序安排。同时，保证语言输入的可理解性，这样有利于习得者习得语言。

总而言之，输入假设给外语教师很大的启示，其在英语教学中发挥着不可替代的作用。在具体的英语教学实践中，英语教师应该结合输入假设理论，注重可理解性语言的输入。同时，英语教师还可以根据学习者的实际情况，结合自己的教学经验，采用多元化的手段来提高输入语言的可理解性，从而使学习者更有意义地习得语言。

4. 二语习得理论的情感过滤假设

情感过滤假设也是二语习得理论的重要组成部分。情感包括很多方面的内容，如各种动机、学习需求、学习信心等。情感无论是对学习者而言，还是对语言输入而言，都起着一定的作用。这种作用有可能是积极的，也有可能是消极的。因此，在实际语言习得过程中，应该充分发挥情感的积极作用。情感过滤假设对情感的积极作用和消极作用进行了系统论述；消极情感主要是过滤目的语，而积极情感对目的语的输入有着很大的促进作用。在情感过滤假设的影响下，外语教师应该把握好情感的作用，鼓励学生在愉悦、轻松的环境中积极主动地学习。

5. 二语习得理论的监察假设

"监察假设主要是针对有意识的语言学得而言的。因为有意识的学得可以对语言进行修正和监察"①。监察作用可以体现在写和说之前，也可以体现在写和说之后，并没有严格的前后限制。另外，还需要注意的是，要想发挥学得的这种监察作用，就必须满足一定的条件：①满足一定的语言形式；②了解一定的规则；③充足的时间保障。此外，语言交际活动的类型也会影响语言学得的交际效果。例如，在口语交际和书面表达中，这种监察作用所起的效果是不一样的。因此，在语言交际活动中，应该采取恰当的方式使这种监察作用得到最大程度的发挥。

① 曹倩瑜. 英语教学理论与教学法［M］. 西安：西安交通大学出版社，2017：83.

### （三）语言学理论的输出假设

输出假设不仅强调了可理解性语言输入在语言习得中的重要性，还强调了可理解性语言输出在语言习得中的重要性。只有注重语言输入和语言输出的可理解性，才有利于最大程度地提高学习者的语言水平。输出假设强调，学习者的语言输出是至关重要的。学习者在学习、理解和掌握语言知识之后，就应该将这一语言输出。在语言输出过程中，学习者要保证语言输出的可理解性、准确性、合理性。只有这样，才能最大程度地提高自己的语言运用能力和水平。同时，学习者在语言输出过程中，能够及时了解自己在学习和理解语言过程中存在的不足，并采取相应的措施来改正这些不足，利于提高学习者的语言能力。

因此，将输出假设具体到英语教学中，教师应该注重学习者英语的输出。换言之，教师应该为学习者提供英语表达、英语运用的平台，使学习者能够在语言输入后，进行科学、准确的语言输出，有利于提高学习者的语言水平和语言表达能力。可见，语言输出的作用是外语教学不容忽视的。下面对语言输出的作用进行简要分析：①语言输出可以对语言的正确性、可行性、合理性等进行一定的检验；②强调语言形式的重要性，并引导学习者对其进行一定的把握；③有利于学习者在语言输出过程中意识到自己的不足，并对学习过程中存在的问题进行自我反思。

语言学的输出假设在英语教学中发挥着不可替代的作用。英语教师应该明确语言输出的重要性，并在英语教学实践中，采用多种手段融入一些语言输出活动，并鼓励学生积极进行语言输出和表达，从而不断提高自己的语言表达能力。

## 二、大学英语教学的心理学理论

### （一）人本主义心理学理论

人本主义学习理论中揭示学习的本质是实现人的自我和从个人角度出发进行描述，还表明学习是由个人自动发起，将个人完全融入学习中并让人产生全面变化的活动，能够充分发展个人、人格及自我。在人本主义学习理论中，不再是以教师为中心的模式，而是发展成为以学生为中心的模式，以学生为主的关键在于如何让学生感受到学习中的个人意义。该理论强调学习是一种精神活动，能够将情感和认知有机整合。学习过程可以看作教师和学生之间两个完整的精神世界相互沟通、相互理解和相互融合的过程，不是传统意义上的以教师为中心的学习理论，也不是教师控制全场次序的过程，而是以学生为中心的学习理论，引导学习者形成自主学习能力和迁移效果。所以，在以教师为中心的学习理论中，其学习活动形式是以输入讲解知识为主。要想使学习活动充满生机，就应该以学生为中心，深入学生的情感世界，形成师生之间良好的关系，进而达成教学目标。

1. 学习动机论

学习动机论在人本主义心理学中起着重要作用，这一理论与“需求层次论”有着紧密联系。在需求层次论研究中，以自我实现需求为核心，对人的需求进行了一定的划分。处于最高层的就是自我实现需求，这种需求就是通过自己的努力，将一些潜在的事物变成现实事物的一种过程。

另外，具有自我实现需求的人都能够充分了解自己，了解自己的潜能和能力，并不断尝试用各种手段来实现。总而言之，这种人有着自己的需求、目标和方向，并不断努力去实现。“具有自我实现需求的人能够明确自己的需求，并通过学习、工作等来实现自己的需求”①。在需求层次理论的影响下，学习动机理论对“自我实现”进行更进一步的研究，具体分析如下：

（1）映射阶段。映射阶段强调的是外界“映射”要求的作用。人的自我发展和实现与外界的“映射”要求有着紧密关系。

（2）混乱阶段。随着学生自我意识的增强，学生会产生与教师要求不一致的观点。学生自己的观点与教师的要求交织在一起，体现出了混乱性的特点。

（3）自我实现阶段。学生在不断的成长和发展中，自我意识相比于混乱阶段的自我意识有了显著增强。如果学生的自我意识在学习中占据了主导地位，同时学生可以自主地、创造性地学习时，学生就进入到自我实现阶段。自我实现阶段主要强调的是学生通过自己的努力来实现自己的价值和目标。

2. 学习类型论

学习可以分为不同的类型，下面对学习类型进行具体分析：

（1）无意义学习。无意义学习强调的是学习者的心智，通常情况下与个人没有关系。无意义学习的过程是一个枯燥、乏味的过程。虽然学习者在教学课堂上会学习很多的知识和内容，但并不是所有的知识和内容都是有意义的，大多数知识和内容都属于无意义的知识和内容。同时，很多学习者在学习中也发现了这一现象。

（2）有意义学习。学习类型除了无意义学习外，还包括有意义的学习。有意义的学习，简单理解就是学习的知识和内容是有意义的，这种学习类型有利于学习者增长知识、拓宽视野、积累经验，有利于促进学习者态度、行为等的变化。

---

① 黄建华，赵日海，程红霞. 实用英语教学理论研究与实践应用［M］. 长春：吉林大学出版社，2012：13.

有意义的学习与完整的人有着直接关系，有意义的学习融合了很多内容和因素，例如逻辑因素、情感因素、直觉因素、经验因素等。通过有意义的学习，学习者能够学习到很多知识和技能，也能够提高自己的各种能力。

在学习类型中，有意义的学习并不是孤立存在的，而是有以下组成要素：①学习活动需要个人的参与。个人在学习过程中，需要融入很多，如精神、情感、逻辑、认知等。离开个人的参与，学习活动也就毫无意义。②学习是一种主动、自愿的过程。在学习过程中，学习者会根据自己的需求、目标和愿望来学习、分析和探索，从而理解和掌握知识和意义。③学习具有渗透性的特点。通过学习，学习者的思想、态度、逻辑、行为等都会发生一定的变化。④学习的过程离不开学习者的自我评价。学习任务的完成与否、学习需求的满足与否、学习目标的实现与否，都需要学习者进行自我评价。只有学习者通过不同方式的自我评价，才能真正了解自己的学习情况，从而更加准确地了解自己的实际学习情况，为日后的进一步学习提供理论依据。

3. 学习实质论

除了学习动机论和学习类型论外，人本主义心理学还包括学习实质论。在人本主义心理学而言，经验的形成与获得就是学习的实质。学习者学习不能忽视了经验的形成和获得，同时，学习者在学习过程中还要注重知识的理解和潜能的发挥。另外，学习实质论还强调学习者学习的价值性，只有进行有价值的学习，才能使学习更具有意义。

### （二）行为主义心理学理论

1. 经典行为主义理论

经典行为主义理论对学习的过程进行了一定的论述，学习的过程其实就是建立条件反射的过程。在这一过程中，一种刺激并不是永恒不变的，而是不同刺激之间相互替换。人在刚出生时，反射涉及的类型比较单一，情绪反应也比较少，随着人的不断成长，人的其他行为也不断增加，这些行为的形成与条件反射有着紧密关系。正是在条件反射的作用下，再加上新的刺激—反应，才使得人的行为方式和类型不断增加。

另外，人类的各种行为都与后天习得有着直接关系。习得可以使人获得积极的行为，也可以使人获得病态的行为。同时，人的行为并不是一成不变的，而是可以通过学习的方式加以改变。刺激—反应之间存在着紧密联系，了解两者之间的关系，充分发挥刺激与反应之间的相互作用，才能更好地根据反应推断刺激，也才能更好地根据刺激来对人的行为进行一定的预测。此外，华生还对行为、刺激与反应做进一步分析。有机体通过刺激—反应之间的组合来分析有机体的行为。不管是人类还是世界上的其他动物的行为，都与刺激—反应有关。因此，这种规律在人类和其他动物中均适用。

2. 新的行为主义理论

以行为主义为基础，因为刺激的存在才产生了言语及言语行为，因此，言语及言语行为与各种刺激有着紧密的联系。针对言语行为，语言学习过程并不是一个间断的过程，而是一个不间断的过程。正是因为语言学习的不间断性，才能形成言语行为。“强化语言的方式有很多，最为常见的方式有表情、动作、手势等”①。学习者要想养成良好的语言学习习惯，就应该不断强化自己的言语行为。需要强调的是，学习行为的出现，与“重复”有着紧密联系，因此，学习者在学习过程中应该意识到“重复”的重要性，并充分发挥这种作用。

总而言之，行为主义学习对学习和行为进行了系统阐述，行为主义学习理论与以下观点有着紧密关系：

（1）语言的形成与外界条件的作用紧密相关。作为人类行为不可缺少的重要组成部分，语言研究具有十分重要的意义。

（2）语言是一种习惯，语言的各种行为和习惯并不是一成不变的，而是不断变化的。这种行为和习惯的变化主要与外部刺激有关。内在行为并不是影响语言行为和习惯变化的因素。

（3）学生学习和习得语言是遵循一定客观规律的。具体而言，首先发出动作，其次获得结果，最后实现强化。

（4）刺激与反应对学习有着直接的影响，这就是著名的刺激—反应公式。学习者在刺激的作用下做出反应。

（5）学习不要急于求成，不要忽略部分只顾整体，应该循序渐进，从部分的学习逐渐过渡到整体的学习。

（6）学习的成功与否与强化有着直接的关系。尤其是正向强化，在很大程度上影响着语言行为。要想进一步巩固语言行为，就必须进行正向强化。正向强化作为影响语言行为的重要外部因素，主要表现为各种表扬、鼓励以及学习过程中产生的成就感。

行为主义心理学理论在英语教学中发挥着至关重要的作用。例如，在英语教学的初级阶段，教师常常鼓励学习者在学习中采用反复操作的方式来学习语言。同时，行为主义学习理论中的一些观察学习、实践学习也给英语学习者很大的启示。教师在英语教学中，应

---

① 黄建华，赵日海，程红霞. 实用英语教学理论研究与实践应用［M］. 长春：吉林大学出版社，2012：9.

该根据实际情况，有选择地利用行为主义学习理论，充分发挥行为主义学习理论的长处，规避行为主义学习的不足。

### 三、大学英语教学的后现代主义教学观理论

后现代主义教学观的重点是教育的“现代性”，它的特点是开放性、创新性和超前性，总体而言，它与现代主义是相排斥的，从规律性、线性和追求中心性等方面可以看出，后现代主义教学观主张综合化和多元化，其特点是非中心性、矛盾性、无限性等。后现代主义教学观在大学英语的教学模式中有以下方面启示：

第一，后现代主义在打破了教育目的观中的“完人”教育的同时，也提出了自己的教育目的观。主张促进学生各方面的发展，不一定是全面发展，注重培养特殊性和个性化的学生，其目的是通过教育造就具有批判性的公民。

第二，在后现代主义看来，现代主义的课程过于科学化和封闭化。而后现代主义课程的设置标准是丰富性、关联性、循环性及严密性，该理论标准是由多尔从建构主义和经验主义中得出的，并且还吸收了自然科学中的理论。

第三，在后现代主义教学理念中，教学过程是自组织的一个过程。自组织结构看似混沌无序，但其根据系统内部的相互作用能自发形成有序的动态结构。

第四，在后现代主义教学课堂中，强调要建立师生平等的对话平台。随着科学技术的蓬勃发展，知识传播也发生着很大的变化，教师的主要任务是教会学生如何学习，教学生如何使用终端技术和新语言规则。在处理师生关系时，教师更注重与学生的共情和情景共存，教师是学生的引领者而不是专制者。

第五，后现代主义教学评价要求实施人文关怀，更注重学生的丰富性发展和激励教育，能够引导学生树立自信和实现学生个体的价值，从而促进学生的可持续发展，在进行教学评价时要注重个体差异性的平等对待，面对不同的对象，用不同的标准和要求，对学生的差异性进行包容和接收，承认学生的丰富性和多样性。

## 第三节 大学英语教学的原则与要素

### 一、大学英语教学的原则

大学英语教学的原则是教师根据一定的教学目标，并遵循一定的教学规律来指导教学

的一项基本要求和行为准则。高校英语教学的原则不仅应该反映英语这门学科的特点，也应该反映学生学习英语的心理特点，还应该反映教授英语与学习英语的特点。在具体的教学实践中，指导当前高校英语教学的原则主要有以下方面：

### （一）中心性原则

学生是教学活动的主体与内在因素，“各育人主体只有始终坚持从学生发展的角度出发，而不是以教师或管理者的角度来思考，才能真正形成育人合力，保障人才培养工作的核心地位”①。因而，在英语教学中应坚持以学生为中心的原则，充分发挥学生的主观能动性，从而使教学质量得以提高，教学任务顺利完成。以学生为中心的原则是在教学中根据学生的实际情况出发进行教学活动的设计与开展。具体而言，学生的实际情况包括五个要素：①真实的学习目标；②真实的学习兴趣；③真实的学习动机；④真实的学习机制；⑤真实的学习困难。

在具体的教学实践过程中，教师应该在考虑上述因素的基础上，鼓励学生积极参与教学活动，再获得知识的体验，培养学生的语言能力、交际能力以及应用能力。在以学生为中心的教学原则下培养的学生能够感受到自身在英语教学与学习中的地位，从而以主人翁的态度进行英语学习，在学习上也会更加主动、积极。思辨能力的培养也应该以学生为中心展开，重视学生在教学和能力培养中的中心地位。

### （二）发展性原则

所谓发展性原则，就是要保证所有学生的智力和非智力因素都得到发展。发展所有学生的智力因素与非智力因素既是教学工作的起点，也是教学工作的终点，还是衡量教学效果的重要标准。

高校英语教学过程既是学生认知、技能与情感交互发展的过程，又是生命整体的活动过程。因此，学生的发展可以看成是一个生命整体的成长，并且这个发展过程既有内在的和谐性，又有外在能力的多样性以及身心发展的统一性。高校要实现英语教学的发展性，需做到以下方面：①教师要关注每个学生的成长，以保证所有学生都得到发展；②充分挖掘课堂存在的智力和非智力资源，并合理、有机地实施教学，使之成为促进学生发展的有利资源；③为学生设计一些对智慧和意志有挑战性的教学情境，激发他们的探索和实践精神，使教学充满激情和生命气息。思辨能力属于学生人文素养提升的重要组成部分，对于

---

① 郑秀英，崔艳娇，孙亮，苏海佳．“以学生为中心”的高校教学督导工作探索［J］．教学研究，2019（5）：44.

学生的整体素质发展有着重要的影响作用。在教学过程中，教师需要遵循发展性原则的要求，使学生的能力与素养得到切实提高。

## （三）兴趣性原则

兴趣是进行英语学习的重要推动力，在强烈的英语学习兴趣下，学习者的语言学习效果会逐渐提升。学生能够用积极的态度探索不同的学习领域，在探索过程中又会增强英语学习的兴趣。高校英语教学也应该重视兴趣性原则的影响范围，充分调动学生的情感因素，激发学生对英语学习的兴趣，从而营造一种积极向上的英语学习氛围。

### 1. 兴趣性原则的功能

学习兴趣有定向功能、动力功能、支持功能和偏倾功能。

（1）定向功能。学习兴趣作为影响学习过程的一种非智力因素，其作用最为明显，也是最为持久的，它往往决定着学生的进取方向，为学生一生的事业奠定基础。

（2）动力功能。学习兴趣与人的情感活动密切相关，可以直接转化为学习动力。当学生对英语学习具有浓厚的兴趣时，学习就不再是一种负担，而是一种乐趣。

（3）支持功能。英语学习是一个漫长而又复杂的学习过程，伴随着许多的困难与挫折，学习兴趣在于克服困难、战胜挫折、保持旺盛的精力对学习起着支持的作用。

（4）偏倾功能。人们往往从自己的兴趣出发去审视事物。表现在英语学习上就是每个学生的兴趣不同，他学习的侧重点也就有所不同。有的学生对记忆单词特别感兴趣，有的学生特别喜欢阅读英语文章，还有一些学生特别喜欢用英语写点东西。对于这些侧重点的差异，教师需要因势利导，在学生原有侧重点的基础上，引导到全面正确的轨道上来。

### 2. 兴趣性原则的激发与培养

为了激发和培养学生学习英语的兴趣，应该从以下方面着手：

（1）充分了解学生的生理与心理特点，尊重学生的主体性。学生是学习的主体，是整个学习过程的核心承载者。基础英语教学要从学生的心理和生理特点出发，改变传统的学习方式，让学生通过体验和实践进行学习。传统的语言学习方式强调学生在初级阶段要学好音标，学好语法，记忆一定量的词汇。英语课程必须从学生的心理和生理特点出发，遵循语言学习规律，从改变学生的学习方式着手，通过说唱、读写和视听等多种活动方式，达到培养兴趣、形成语感和提高交流能力的目的，尤其是在学习的初级阶段更要如此。

（2）防止过于强调死记硬背、机械操练的教学倾向。英语学习需要一定的死记硬背和机械操练的活动。过多的机械性操练很容易导致课堂教学的死板与乏味，容易使学生降低甚至失去学习英语的兴趣。为此，应该重视科学的设计教学过程，努力创设知识内容、技能实践和学习策略的需要都很逼真的情景，以营造启动学生思维的教学环境，帮助学生通过各种渠道获取知识，加速知识的内化过程，使他们能够在听、说、读、写等语言交际实践中灵活运用语言知识，变语言知识为英语交际的工具。这样，学生在获得交际能力的同时，综合素质也会得到相应的提高，学生的学习兴趣才会得到巩固与加强。

（3）挖掘教材，激情引趣。教材是英语教学的核心，教师要想最大限度地调动学生的积极性，就要在备课中认真地研究教材，挖掘教材中的兴趣点，使每节课都有新鲜感，都有让学生感兴趣的内容和活动。

（4）善于发现学生的进步，多鼓励表扬，培养学生的自信心和成就感。对于学生而言，学习兴趣的保持在很大程度上取决于学习的效果，取决于他们能否获得成就感。因此，教师要通过多种激励的方式，如奖品激励、任务激励、荣誉激励、信任激励和情感激励等，激发学生积极参与、大胆实践、体验成功的喜悦。

（5）增强教师与学生之间的交流。一个班级的学生来自不同的家庭与环境，教师要平等地对待每一个学生，对学生充满爱心，通过各种形式与学生进行交流，真心地与学生交朋友，用自己对工作、对学生的热爱去影响学生，而且教师要活泼，富有幽默感，懂得学生的尊重与喜欢。一个学生对某一门课程的喜欢与否，往往取决于他对于该授课教师的态度。另外，教师还要寓思想教育于教学之中，结合英语教学培养学生的道德情感和对英语学习的热情，创造和谐、宽松的课堂气氛，注意保护学生的自尊心。好的情绪转到学习中就会变为一种兴趣和动力。教师在严格要求学生的同时，还要给学生创造一种和谐的学习氛围，通过一个眼神、一个手势、一个微笑或一句赞许的话去影响学生。

（6）改变传统的英语测试方式。应试教育对学习兴趣的影响较大。基础英语课程的评价应以形成性评价为主，采用学生平时教学活动中常见的方式进行，重视学生的态度、参与的积极性、努力的程度、交流的能力以及合作的精神等。除形成性评价外，还可以采用口、笔试相结合的方式。口试主要考查学生实际的语言应用能力；笔试主要考查学生听和读的技能以及初步的写作能力。评价可采用等级制或达标方法计成绩，不应对学生按成绩排队或以此作为各种评比或选拔的依据。

#### 3. 兴趣性原则的教学活动

第一，充分了解学生的特点。由于年龄、性格、学习阶段的不同，学生所表现出的特点也不尽相同。教师应该充分了解学生具体的特点，从而在尊重学生的基础上，提高学生对英语学习的兴趣。在高校英语教学实施中，教师需要从学生的生理与心理特点出发，制订不同的英语教学计划，灵活选取多样的教学手段，让学生切实体验英语学习的乐趣。

第二，改变传统的英语教学方式和评价方式。教师应该创设符合高校学生真实水平的教学内容，教学策略和实践，也需要开发学生的英语思维，帮助其对语言知识的内化与吸收，从而为日后的语言交际奠定基础。

第三，对教材进行深度挖掘。教材是教学的指导性文件，在教学中起着重要作用。高校英语教师在教学前，应该认真、透彻地研究教材，挖掘教材中学生的兴趣点，从而调动学生学习的积极性。

### （四）综合性原则

高校英语教学还应该以提升综合性为原则，对语音、词汇、语法等知识进行交互教学，从而提高教学的实用性。具体而言，综合性原则指导下的高校英语教学应该重视以下方面的内容：

第一，整句教学与单项训练相结合。由于英语教学是为了提高学生的语言应用能力，因此在教学中教师最好可以采用整句教学的方式。学生在学习到语言表达之后就能直接运用，有利于学生语感能力的提高。具体而言，整句教学的顺序是先讲授简单句子，然后再讲授较为复杂的长句，将整句教学和单项训练相结合。

第二，进行综合训练。语言学习是一个完整的整体，需要在教学中进行综合训练，也就是结合听、说、读、写四个部分。在高校英语教学中，听说读写的培养是教学的主要途径，教师可以训练学生的多种感觉器官，保证四项技能训练的比例、数量、难易程度，从而使学生完成不同的学习任务。

第三，进行对比教学。由于英汉语言的差异性，在高校英语教学中还需要进行对比教学，引导学生在语言使用中学习单词、语法、语音。这种对比教学的方式能够保证整体教学效果的提高。

### （五）渐进性原则

高校英语教学中的渐进性原则指的是具体的教学活动要根据学生特点、年级特点进行，要符合人类认知的规律以及心理特征，做到从浅入深，由易到难。循序渐进有利于将学生的已有知识、生活经验及好奇心联系起来，有助于人们认清事物发生及发展的过程，明晰所学内容的条理，逐步掌握解决问题的方法，形成解决问题的能力。渐进性原则需要做到以下方面：①精心设计每个教学环节，明确各个教学环节的目标，选择最佳的方法及手段，使知识的呈现生活化和生动化，使形象与抽象逐步过渡、操作技能与逻辑思维的发展有机结合；②保证每个教学环节过渡自然，做到承上启下；③有序拓展知识网络，懂得每一次的学习都是知识的又一次积累和补充，以便形成较为完整的知识体系。

### （六）网络化原则

在高校英语教学中，还要以网络化手段为原则，具体有以下方面：

第一，多媒体呈现原则。声音加图像的形式要明显比单独表述方式有更大的优势。因此，学习者需要同时接收言语信息与形象信息，这比单纯接收单一的信息更有意义。例如，在英美文学的学习中，学习者一边听解说，一边通过幻灯片、录像、动画等看到与材料相关的视频信息，学习效果会比单独听录音、单独看文字材料更有效果。

第二，时空同步原则。相关的言语信息与视觉信息往往出现在同一时空，而不是分散的或分别的，因此，会更有利于学习者接受和理解教学内容。

第三，个体差异原则。与基础好的学习者相比，对于基础差的学习者更有效；与形象思维差的学习者相比，对形象思维好的学习者更有效。因此，这些效应的产生都与学习者的个体差异有密切关系。以网络为手段的高校英语教学中，应该坚持个体差异原则，注意区分学习者的原有基础知识能力及形象思维能力，使不同差异的学习者都能够实现最好的言语与图像的结合，从而获取所需的英语知识。

第四，注意分配原则。在网络环境下，言语的呈现需要通过听觉信道，而不是视觉信道。例如，学习者通过听解说、看动画来了解材料内容。当文本信息和图像信息分别以听觉、视觉呈现，学习者可以在听觉工作记忆区加工言语表征，而在视觉工作记忆区加工图像表征，这就减轻了学习者的视觉负担，从而均衡分配，利于学习者对信息的理解和接受。因此，网络多媒体英语教学还需要坚持注意分配原则。

第五，紧凑型原则。以网络为手段的高校英语教学需要坚持紧凑型原则，这样有助于言语信息与图像信息的应用。在网络环境下，学习者接收短小精悍的言语信息和图像信息，其学习效果更好。

### （七）持续性原则

在完成基础英语教学阶段的学习之后，学生要向更高级别的英语教学阶段发展，继续进行英语学习，因此，在高校英语教学中，教师就要坚持可持续发展原则，在实践中自觉地为学生奠定向高级阶段学习的基础，具体有以下方面：

第一，做好知识的前后正迁移。遗忘是学习任何知识都不可避免的问题，因此，学生必须通过巩固习得语言知识。在教学中培养学生的英语实践能力，就是在发展中达到巩固，以巩固求发展。而巩固性和发展性需要在概念同化、知识和技能的迁移中体现出来。

因此，教学中应尽可能地通过各种方法来增大正迁移量，以便学生更好地掌握知识和提高实践能力。

第二，培养学生学习英语的正确态度。培养学生学习英语的正确态度也能提升学生英语学习的持续性。教师应该重点培养学生积极的、勇敢的学习态度，要让学生感受到英语学习的乐趣，同时，要锻炼学生敢于使用英语进行交际的能力，要使学生将英语学习作为自身成长的一部分。可持续发展原则有助于学生语言能力的不断发展，需要教师和学生的不断努力。从教师的角度而言，教师应该做好知识的迁移，让学生提高对知识的应用能力；从学生的角度而言，学生应该培养英语学习的正确态度，在思辨性思维的作用下提升英语自主学习能力和应用能力，提高自身的文化素养和语言能力，最终能够达到使用英语进行交际的能力。

### （八）灵活性原则

灵活是兴趣之源，灵活性原则是兴趣性原则的有力保障。语言是生活的一个必要的组成部分，是一个充满活力、不断发展的开放性系统。语言本身的性质以及学生的自身特点要求我们在英语教学中要遵循灵活性原则，要在教学方法、语言学习和语言使用方面做到灵活多样，富有情趣。

第一，教学方法的灵活性。在英语教学史上曾经出现了许多种不同的教学方法和流派，如语法翻译教学法、视听教学法、交际教学法等，每种方法都有其自身的优势与不足，教师应该兼收并蓄、集各家之所长。英语教学包括语言知识和语言技能两个方面，语言知识包括语音、词汇、语法等内容，不同的语音、不同的词汇、不同的语法项目都具有不同的特点。语言技能包括听、说、读、写等四个方面，其中又包括许多小微技能。而学习者的个体差异也是不同的。因此，在英语教学过程中要综合学生、教学内容以及教师自身的特点，创造性地开展多种多样的教学活动，充分体现教学方法的多样性和创新性，使英语课堂新鲜有趣，从而激发学生学习英语的热情，挖掘学生的潜能。教学的内容也要体现多样性的原则，不光要教英语，还要教学习方法，结合英语教学教学生如何做人。

第二，学习的灵活性。教学方法和教学内容的灵活性可以有效地带动英语学习的灵活性。此外，要努力改变以往机械性学习方法，帮助学生探索合乎英语语言学习规律和符合学生生理、心理特点的自主性学习模式，使学生能够自我导向、自我激励、自我监控；静态、动态结合，基本功操练与自由练习结合；单项和综合练习结合。通过大量的实践，使学生具有良好的语音、语调、书写和拼读的基础，并能用英语表情达意，开展简单的交流活动，开发听、说、读、写综合运用语言的能力。

第三，语言使用的灵活性。英语学习的关键在于使用，教师要通过自身灵活地使用英语来带动和影响学生使用英语。教师应尽可能多地用英语组织教学、用英语提问、用英语布置作业等，使学生感到他们所学的英语是活的语言。英语教学的过程不应只是学生听讲和做笔记的过程，而应是学生积极参与，运用英语来实现目标、达成愿望、体验成功、感受快乐的有交际意义的活动过程。另外，教师还可以通过灵活性的作业使学生灵活地使用英语，作业的布置应侧重实践能力，让学生轮流运用英语进行值日报告，陈述和评议时事、新闻等。

### （九）交际性原则

语言是交际的工具，人们主要通过语言来交流思想、传递信息。交际是在特定语境中说话者和听话者、作者和读者之间的意义转换。由此，我们可以得出三方面启示：①交际包括口语和书面语两种交际形式；②交际总是发生在一定的语境之中；③交际需要两个以上的人参与并产生互动。学习英语的首要目的就是使用英语进行交际，而英语教学的首要目标就在于培养学生的交际能力。交际能力的核心就是能够运用所学的语言知识在不同的场合下与不同的对象进行有效的得体的交际。因此，我们在英语教学中首先要贯彻交际性的原则，使学生能用所学的英语与人交流，要在教学过程中努力做到以下方面：

第一，认识英语课程的性质。英语课是一种技能培养型的课程，要把语言作为一种交际的工具来教、来学、来用，而不是把教会学生一套语法规则和零碎的词语用法作为语言教学的最终目标，使学生能用所学的语言与人交流，获取信息。在教学过程中，教、学、用三个方面构成一个有机的相辅相成的统一体，其中的核心在于使用。因此，教师转变以往陈旧的教学观念，认清课程的性质，是落实交际性原则首先需要解决的问题。

第二，创设情景，开展多种形式的丰富多彩的交际活动。语言是交际的工具，而交际的发生总是处于特定的情景之中。情景包括时间、地点、参与者、交际方式、谈论的题目等要素。在某一特定的情景中，讲话者所处的时间、地点以及本人的身份都制约他说话的内容、语气等。因此，在基础英语教学中，要使教学的内容置于一种有意义的情景之中。而且，在一定的情景之下学习英语，可以使学生身临其境，提高学习英语的兴趣。英语教学活动要充分考虑交际性的特点，结合教材的内容，尽量利用各种教具，创设与学生生活密切相关的各种情景，进行真实或逼真的英语交际训练活动，不仅使学生学有兴趣，学有成效，而且能够做到学用结合。

第三，精讲多练。英语课堂的工作不外乎讲和练两种，讲是指讲授语言知识；练是进行语言训练。在课堂上，适当地讲授一些语言知识是必要的，可以提高学习效果。英语是一种技能，技能只有通过实际训练才能获得。因此，教师必须清楚，讲解的目的在于帮助学生更好地训练。在语言训练的过程中要针对学生的具体问题给以“画龙点睛”式的点拨，不仅有利于学生语言交际能力的培养，还有助于学生养成良好的学习与思维习惯。在进行了必要的讲解之后，要给学生留出足够的训练时间。

第四，注意培养学生语言使用的得体性。英语教学的首要目标在于培养学生进行有效交际的能力，传统的英语教学只偏重语法结构的正确性，而根据交际性原则，学生要具备良好的交际能力，需要能够在适当的时间、适当的地点，以适当的方式向适当的学生讲适当的话，这一点与上面一点密切相关，创设情景，开展多样的交际活动，课堂游戏、讲故事、猜谜语、编对话、角色扮演、话剧表演、专题讨论或者辩论等，都有助于学生在创设的情景中充分表现自己，从而掌握地道的语言。

第五，注重教学内容与教学活动的真实性，贴近学生的生活。语言与现实生活密切相关，教学活动的设计与教学内容的选择一定要考虑这一因素。在英语教学中，要把语言和学生所关心的话题结合起来，要给学生足够的、内容丰富的、题材广泛的、贴近学生生活的信息材料。另外，教学内容的真实性还要求教材的语言和教师的语言是真实的；就是说教材的语言和教师的语言应该是英语本族语人在交际过程中所使用的语言，而不是专为教学而编写出来的。

### （十）输入与输出性原则

所谓输入是指学生通过听和读接触英语语言材料，所谓输出是指学生通过说和写来进行表达。输出建立在输入的基础之上；在此意义上，输入是第一性的，输出是第二性的。

在人们学习英语的过程中，能理解的总是比能表达的要多，语言输入的量越大，语言输出的能力就越强。有效的语言输入应具备三个方面的特点：①可理解性。如果学生不能理解所输入的语言，那么这些输入无异于噪声，是不能被接受的。②趣味性或恰当性。所输入的语言材料还要使学习者感兴趣。要使学生对语言输入感兴趣，最好使他们意识不到自己是在学外语，将其注意力放在意义上。③足够的输入量。目前的外语教学严重地低估了语言输入量的重要性。要习得一个新句型单靠做几个练习甚至读几段语言材料是不够的，还需要数小时的泛读以及许多的讨论才能完成。教师在教学过程中应该注意以下方面：

第一，多让学生接触英语。要通过视、听和读等手段，多给学生可理解的语言输入，如声像材料的示范和贴近学生日常生活和学习、适合学生的英语水平、具有时代特色的读物等。另外，学生学习的内容不要局限在课本之内，教师应该打破课内外的界限，帮助学生扩大语言接触面。

第二，输入内容和输入形式的多样化。学生接触的英语既要有声的，又要有图像的，还要有文字的，而且语言的题材和体裁以及内容要广泛，来源多样化。例如，在日常生活中，尤其是在大中城市中，每天都会接触到许多英语，文具、衣服、道路标志、电器等上面，就有许多英语。如果我们能利用这些，学生们就可能轻轻松松地学到英语知识。另外，我们还要注意根据上述语言输入的分类，尽可能地为学生提供多种形式的输入。

第三，提高接触语言的频度。学习语言的过程中，接触语言的频度比长度更重要。

第四，强调学生的理解能力。只要学生能理解的，就可以让他们听，让他们读。而且，还可以只要求学生理解，而不必立刻要求他们用说和写的方式来表达。从教学目标来看，对语言技能应该有全面的要求，但是从教学的方法来看，应该先输入，后输出。

第五，为学生提供的语言材料要符合学生的实际情况，要符合可理解性和趣味性与恰当性的要求。当然，仅依靠语言的输入是不可能掌握英语、形成综合运用英语的能力的，还需通过口头和书面的表达来检验和促进语言的输入。在增加可理解的语言输入的同时，在理解的基础上，不断进行有效的实践活动，这些实践活动在基础英语教学中包括一定的模仿练习。学习语言的确需要模仿，问题的关键在于如何模仿和模仿的内容是哪些。如果只是机械地模仿，只注意语言的形式，那并不能保证学习者能在生活中真正地使用语言。

如果只是要求学生注意语音、语调的准确，只要求死记硬背句型结构，而没有使学生真正了解这些句型结构所表达的含义，学生并不能在课外使用。模仿最好是模拟生活中的真实情景，注意语言结构所表达的内容，这种模仿才是有效的。尤其是在结对练习、小组练习的时候，让他们根据实际的情况使用所学习的语言，学生才能把声音和语言的意义结合起来。

### （十一）宽严结合性原则

所谓的宽与严是指如何对待学生在学习过程中所出现的语言错误，也就是如何处理准确和流利之间的关系。外语学习是一个漫长的内化过程，学生从开始只懂母语，一直到最后掌握一种新的语言系统，需要经过许多不同的阶段，从中介语的观点来看，在各个阶段，学生所使用的语言是一种过渡性语言；它既不是母语的翻译，也不是将来要学好的目标语，这种过渡语免不了会有很多的错误。传统的分类方法将错误分为语法、词汇和语言错误。语法错误又被进一步分为冠词、时态、语态错误等，这种分类方法，主要基于语言形式，而忽视了语言的交际使用。

## 二、大学英语教学的要素

在经济全球化的新形势下，培养大批既掌握丰富的专业知识，又具有较强的英语应用能力的高素质、高层次的人才，是高等教育的当务之急，也是当今大学英语教学的主要课题。因此，做好大学英语教学改革，要从教材选择、课堂教学组织及考核改革三个要素着手，并将三者形成良性互动。

### （一）教材选择要素

提高教学质量，教材是关键。一部好的英语教材，应突出以人为本、以学生为中心、培养学生理解、运用能力为目标的教学宗旨。近年来，许多高等院校采用了《新视野大学英语》（外语教学与研究出版社出版）作为大学英语教材，该教材的突出特点是：突破了传统教材的模式，开辟了网络教学的新尝试；同步提供课本、光盘、网络课程，三者的同时推出，极大地促进了教学内容的拓展；有助于“教”与“学”观念的转化和方法的更新；发展了积极的自主选择、活跃的参与式教学，极大地激发了学生的学习兴趣和参与意识；促进了教学模式的转变，使当前的英语教学呈现出前所未有的多样性。使用该教材既可实施现场指导，进行实时同步学习，也可实现在教学计划指导下的非实时自学，还可以实现通过使用电子邮件、网上讨论区、网络通话等手段的小组、团队合作型的学习，为培养学生创造性学习能力提供了多种渠道，拓展了空间，创造了有利条件。

可见，一部优秀教材，应体现出与时俱进的时代精神，要具备新的体裁、新的思想、新的理念、新的知识、新的发明创造、新的科学技术。挑选教材要注意一个“新”字，即内容新、题材新、结构新，这是促使我们的教学反映科技创新成果、语言发展进程的保障。

### （二）课堂教学要素

作为一名教师必须充分重视和认识到课堂教学的重要性、必要性，必须全身心地投入，上好每一节课。因此，精心地设计好课堂教学方案，是至关重要的。

教学的设计思想，必须体现培养和激发学生学习英语的“爱好”与“兴趣”。“爱好”与“兴趣”是学好英语的精髓，产生毅力的源泉、动力和基石。教师要精心创设条件，激发学生的“爱好”与“兴趣”，这既是教师的责任，也是教师的义务。另外，教学要充分体现以学生为中心的理念。教师要按教材的单元章节安排好准备活动、听力演练、阅读演练、口语演练等；要营造广泛的学习空间和浓厚的趣味性氛围。教师要结合教材的主题思想设计出故事性强、趣味性浓的授课方法，激发学生勇于展示、勤于思考、善于参与。教师要经常组织开展丰富多彩的课堂及课后的班、组、团队活动，有计划、有针对性地、主题明确地举办英语文娱活动，要采取各种形式、多种措施为学生创设一种浓厚的语言环境。

学期论文，要求学生每学期用英文写出一篇文章，题目自定、体裁自选，形式不限，字数不得少于规定的下限，这种方式是非常可行的，能够锻炼学生的写作能力、语言组织运用能力、翻译能力等。它能使学生在时间充分又无压力的条件下去思考、选材、练习，最后取得学习的最佳效果。

### （三）考核改革要素

考试，是检验教学效果的一种手段，是对教与学双边的一种评价手段。多年来，大学英语教学大都是围绕四六级考试、考研等，这必然导致在英语教学过程中出现重知识传授轻能力培养，重传授轻创新，重输入轻输出，重课堂教学轻自学能力的培养等问题的出现。因此，必须进行改革，例如，举办的大型考试，注重把英语能力的测试放在中心位置，真正地起到和起好导向作用。另外，作为高校大学英语教师在教学实践过程中要围绕对学生能力培养这个中心环节，采取多种形式对英语学习成绩进行考核，如采取课堂表现、平时测验、课后作业、演讲比赛、学期论文等，多种形式均占一定比例，最后由这些项目成绩之和构成学生总成绩。

# 第二章 大学英语教学的内容构建

## 第一节 大学英语听力教学

### 一、大学英语听力教学的目标

大学阶段的英语听力教学目标分为三个等级，即基础目标、提高目标和发展目标：

第一，基础目标。基础目标是针对大多数非英语专业学生英语学习的基本需求确定的，具体包括四个方面：①能听懂就日常话题展开的简单英语交谈；能基本听懂语速较慢的音、视频材料和题材熟悉的讲座，掌握中心大意，抓住要点；②能听懂用英语讲授的相应级别的英语课程；③能听懂与工作岗位相关的常用指令、操作说明等；④能运用基本的听力技巧。

第二，提高目标。提高目标是针对入学时英语基础较好、英语需求较高的学生确定的，具体包括：①能听懂一般日常英语谈话和公告；②能基本听懂题材熟悉、篇幅较长、语速中等的英语广播、电视节目和其他音、视频材料，掌握中心大意，抓住要点和相关细节；③能基本听懂用英语讲授的专业课程或与未来工作岗位、工作任务、产品等相关的口头介绍；能较好地运用听力技巧。

第三，发展目标。发展目标是根据学校人才培养计划的特殊需要以及部分学有余力学生的多元需求确定的，具体包括：①能听懂英语广播、电视节目和主题广泛、题材较为熟悉、语速正常的谈话，掌握中心大意，抓住要点和主要信息；②能基本听懂用英语讲授的专业课程、英语讲座和与工作相关的演讲、会谈等；③能恰当地运用听力技巧。

## 二、大学英语听力教学的特点

### （一）教学对象的特点

通常一个班级的大学生来自全国各个地方，学生的听力水平参差不齐。有些学生听力基础差，没有掌握正确的学习方法；有些学生的语音语调存在很大问题，因而很难听懂正常语速的听力材料甚至已经学过的常用词，当然也有一些学生英语水平很高，比较容易听懂听力材料。在听力水平不同的情况下，使用相同的教材和教学方法，使得听力水平低的学生不想学，教师难授课，也就达不到提高大学英语听力水平的教学目的。目前，部分学校尝试打破原有的以院系为单位的班级，将学生听力水平分成提高、普通和预备三个层次，针对性地选择授课内容和授课方法，可以更好地贯彻因材施教的原则。

### （二）教学内容的特点

“大学英语听力教学内容较为广泛，不仅包括语言知识、文化知识，还包括培养学生对听力策略的掌握和运用”①。目前，学生主要的听力问题可以概括为三种：第一种是“听不清”，即对单词的发音、英语的语调特征、说话速度不熟悉，造成不能有效地获取信息；第二种是“听得清却听不懂”，这是由于英语的句法结构、文体特征、篇章逻辑不了解和缺乏听力技巧而造成的障碍；第三种是“听懂了却无法理解”，这是由于学生个人的知识结构、文化背景与所听材料的差距过大造成的。因此，词汇障碍、语音障碍、语义障碍、听力障碍、心理障碍以及文化障碍等成为大学英语听力教学的主要问题。

## 三、大学英语听力教学的策略

### （一）教学模式策略

由于深受传统教学模式的影响，很大程度上，教师在教学中只是遵循着固定而又呆板的教学模式：先放录音，再做题，之后给出答案。这种传统教学课堂因为呆板的组织而显得枯燥乏味，教师成为教学的主体，学生处于被动状态，师生之间缺乏感情沟通和知识信息的交流，学生的主动性没有得到应有发挥，致使教与学在很大程度上影响了听力教学效果。因此，教师要勇于尝试新的教学模式，灵活选择使用。

① 李红霞. 大学英语教学研究［M］. 天津：天津科学技术出版社，2017：32.

1. 交互式教学

交互式教学也称互动式教学，是指通过营造多边互动的教学环境，在教学双方平等交流探讨的过程中，达到不同观点的碰撞交融，进而调动教学双方的主动性和探索性，强化教学效果的一种教学方式。

交互式教学是一种适应时代的教学理论和策略。区别于传统教学法中以教师为中心，学生被动参与学习的模式，交互式教学法是以学生为中心，让学生积极主动地参与组织教学的各个环节，参与教学活动的全过程，真正成为教学活动的主体，同时，还要注意发挥教师在教学中的主导作用，实现教师与学生、学生与学生的双向交流与互动。简而言之，它是旨在建立以教师为主导，以学生为主体，在师生、生生以及人与多媒体之间通过“互动”方式组织起来的一套英语教学法。“互动”是两个或更多的人相互交流思想感情，传递信息并产生相互影响的过程。目前流行的交际英语教学理论的核心就是交际能力培养必须具备“互动”这个性质。交际能力培养强调“互动”的重要性，因为人类在各种背景下，使用语言的目的就是“传递”信息，简单地说，是把自己头脑中的信息传递给另一人，反之亦然。

（1）交互式教学模式的必要性。交互式教学模式的中心是“交流”，课堂教学最重要的形式也是交流，没有课堂交流，课堂教学就没有实施条件。有效的课堂交流是达到教学目的的前提。就信息交换的角度而言，教师和学生之间的信息交流是双向的，他们之间存在着大量的信息交流。针对现在大学英语听力中，依然是传统的以教师为中心的课堂的现状，实施基于交互式教学法的大学英语听力教学模式是非常有必要的。交互式教学模式将传统的“以教师为中心”的教学模式转变为教师引导、学生积极参与、师生之间良性互动，“以学生为中心”的教学模式，即教师在教学过程中是作为参与者而非整体的控制者，它注重了师生的协作互动，提高了学生的教学参与性，从而提高了大学英语听力课的教学效果。

（2）交互式教学环节。交互式教学模式在听力教学具体实践过程中，应分成听前准备、课堂训练、听后总结三个关键环节。

第一，听前准备。如果听者事先知道他将做出某种反应，会立刻带着目的去听，并且知道会听到怎样的信息以及如何作出反应。在听每段材料前，教师应该和学生充分交流，了解学生感兴趣的话题，进而让学生寻找和准备相关的材料，储备一些与该话题相关的词汇。在课堂上，教师可根据学生准备的情况提问，针对这些问题让学生进行自由讨论，这些可以看成是听力训练前的热身。通过“热身”，一方面学生对将要听到的内容会有大致的了解，引起学生的兴趣，通过相互交流，提高学生的积极性，使学生更好地融入课堂；

另一方面展开了师生、学生之间的互动，活跃了课堂气氛，促进教学效果以及培养学生语言交际能力。

第二，课堂训练。交互式教学模式强调教学的互动，以及从传统的以教师为主的教学模式转变为以学生为中心的教学模式。在课堂训练前，经过热身阶段的师生交互活动，可以正式地开始听力技能训练。首先，为了不破坏语篇的完整性，可以整体先听一遍材料，让学生对材料有一个大概的掌握；其次，第一遍听完之后，可以叫学生结合热身阶段的讨论对所听材料进行一下评价，评价是引导学生深入理解材料的好方法，然后要回答其他学生就材料理解进行的提问；最后，由教师进行正确与否的评判。这样既锻炼了学生的逻辑归纳能力，又实现了学生间、师生之间的互动。在互动中，学生还可以总结出一些适合自己的听力技巧或策略。在听力技能训练过程中，学生充分参与教学活动，成为教学的主体，而教师在此过程中除了充当指导者外，还可以是学习的共同参与者和合作者。

第三，听后总结。听力活动结束之后，教师应对学生的任务完成情况给予及时反馈。在反馈过程中，教师可以先让学生们评估自己的任务完成情况。反馈完后，教师要对所听内容进行巩固，首先，对所听材料中的词汇、基本句型和习惯表达进行总结；其次，可根据实际情况，对所听材料进行角色表演和分组讨论，通过语言的再次学习，更好地理解和掌握所学知识，从而促进学生语言的实际运用能力。

2. 文化导入式

（1）文化导入式。文化导入式是一种通过引导的方式让学生主动建构语言与文化知识、促进英语综合运用能力的相对稳定的操作性框架。该模式主张教师在一定的教学环境中，根据教学大纲、教材和学生实际，运用正确的方法对学生进行积极引导，能够激发他们的思考与想象，促进学生主动进行内部心理表征的建构，从而培养学生对文化差异的敏感性、宽容性以及处理文化差异的灵活性，提高学生综合运用英语的能力。该模式在教学内容上注重文化概念与思考方式的引入，突出相关文化内容，在教学形式上注重学习主体作用的发挥，同时也要求教师积极发挥主导作用。

（2）文化背景知识导入的方法。

第一，适时培养学生对文化背景知识的敏感性。为培养学生对文化的敏感性，教师要充分利用教材发现问题，培养学生从文化角度来审视问题的根源，提高他们发现目的语文化现象的存在和这一文化与母语文化之间相符相悖的敏感性。

第二，利用词语导入文化背景知识。词语包括单个的词和短语。语言的各种文化特征都能在词语中展现出来。教师在教学中应适当地导入听力材料中，具有一定文化背景知识的词语，能让学生充分理解其文化特征与内涵。

第三，听说并重，增强文化理解力。要想真正提高听力水平，必须强调听说并重。教师可以根据不同的材料通过复述、问答及根据听力组织对话、进行小品表演等形式对学生进行听力检查，既可以加深学生对现有文化内涵知识的掌握，又可以提高学生的听说能力。

第四，借助视听媒介导入文化。教师应发挥多媒体的优势，充分利用电影、电视、幻灯片等资料进行辅助教学。因为，这些媒介是了解西方文化的有效手段，是包罗万象的文化载体。学生可以在观影中直观、真实地了解西方的社会习俗、交际方式、价值观念等文化内容。

第五，延伸教学空间，拓展英语文化。教师可以采取布置任务的方式，让学生提前查阅与所学单元相关的文化知识，并让学生以幻灯片形式展示成果，使学生在参与中增强信心和成就感。同时，鼓励学生课后大量阅读介绍英美文化的书籍，这既可获得语言知识，又可深化学生对文化差异的了解，从而提高学生的英语听力水平。

3. 视听说结合式

（1）视听说结合式教学的必要性。视听结合，使学生处在耳目一新的教学环境当中，在视觉和听觉的双重刺激下接收语言信息，在这种环境中启发学生说英语的欲望可以达到事半功倍的教学效果。无论是在外语教学中，还是在真实的言语交际中，听和说都是密切相关、不可分割的。首先，听是凭借听觉器官对言语信号进行意义建构的过程，是理解言语的技能；其次，说则是借助语言外壳通过发音器官，将思想转换成具有句法和语音结构的言语信息的过程，是言语表达的技能。口头表达能力的提高必然会促进听力技能的提高。教师应尽可能地为学生创造练习口语的机会，将听与说有机地结合起来，以听说结合的方式，切实提高其听力水平，从而改变现有的听音画钩，单纯以获取信息为目的的教学现状，保持外语习得过程中的输入与产出的平衡。

视、听和说三者在听力教学中有着相辅相成、互相促进的关系。集文本、图像、声音于一体的多媒体能及时为教学提供生动有趣、灵活、方便、实用的学习和实践的空间，使学生置身于一个真切实际的英语学习世界。选择难度适中、题材广泛、内容风趣、语言清晰规范的视听材料，并灵活性、创造性地调整和补充教材内容，通过视觉、听觉双重刺激，把听和说结合起来。要求学生理解所听内容，并且要做出积极反应进行口头练习，视觉效果有效刺激听觉能力，口语练习有效促进听力理解。不仅能锻炼学生的英语思维能力，还有助于提高记忆力，有利于知识的获取和记忆，达到运用英语、实践英语的目的。

（2）视听说结合式教学环节。通过视听说结合的方式，可以解决英语教学中“质”的问题，通过指导学生按照粗略观看、仔细听解、口头讲述三个步骤来完成从语言输入到输出的过程。在粗略观看阶段，教师根据视听内容，利用图片、实物、背景知识的介绍和单词的讲解等形式，进行巧妙地导入，让学生对视听材料的大体内容有所掌握，为下一步教学做好铺垫。在仔细听解阶段，不仅指导学生进一步明确整段话语的大意，更要把焦点放在语言材料本身，要求学生能够回答具体的细节问题，甚至区别细微的语音现象。在讲述阶段可以采取如问答、复述、谈论话题、讨论、情景对话、描述、角色扮演等多种形式，对视听材料有选择地进行再现、借鉴或者创造。以上步骤可以根据教学的实际需要，有重点、有目的地进行练习。

教师在课堂上的主要任务是示范、指导学生如何采用视听说结合的方法，按照以上三个步骤，克服听的过程中出现的来自语音、语言和文化等方面的困难，促进语言知识的使用和内化。教师在语音材料与学生之间充当媒介，帮助学生将听力内容，同已有的知识技能有机地联系起来。采取灵活多变的方式进行课堂主体教学，由浅入深，由易到难，循序渐进，营造良好的学习环境和氛围。根据学习材料的主题和内容的不同而进行精心设计，充分发挥多媒体声图文并茂的优点，采取文字、图片、音乐和短小视频的形式，激起学生的学习兴趣。在听力训练过程中，教师不可一味地唱“独角戏”，除了要向学生提供必要的背景知识、语言知识和听力技巧来帮助学生理解外，应该设计出形式多样的活动使学生参与到教学之中，对视听材料进行模仿和拓展，充分发挥学生的想象空间。和学生共同融入听力训练中，注重倾听个体学生的答案和解释，给予适当的提示和指导，尤其是多给予积极的肯定和鼓励。

### （二）听力训练策略

#### 1. 听力材料多样化的选择

在选择听力材料时，教师既要结合教学实际的需要，也要结合学生现有的能力和兴趣，还可以让学生在课堂上，以英语游戏的形式参与活动，循序渐进地进行练习，让学生既在乐中学，也在玩中学，最大限度地挖掘他们的潜力，发挥他们的主观能动性。

丰富的课堂内容，比单一的听力训练更能激发学生的学习兴趣。兴趣是最好的老师，有了兴趣，英语学习就是一种享受，自然会事半功倍。传统听力教学长期采用单一的教学模式：放音、练习、对答案，过于依赖教材，听力内容单调乏味，无法激发学生的学习兴趣和热情，因此，在课堂材料的选择上，应充分考虑学生的兴趣、心理状态、当下热门话题等。

在多媒体教学环境下的今天，教师可以播放英文电影、教学情景对话、英文歌曲或演讲，通过增强听力内容的趣味性、时效性，适当引入一些流行元素，提高学生的英文水平。英文电影作为一种直观、形象、生动的方式，越来越受到学生的青睐。英文电影有吸引人的剧情，让学生身临其境，有些情节非常具有趣味性，影片中的英语不再是让人望而生畏的语言，而变成妙趣横生、充满生机和活力的实践。

每周增加一点这些内容，并在人机对话中让学生学唱英文歌曲，进行英文电影配音，这将提高学生的英语学习热情和积极性，从而使其在轻松愉悦的氛围中提高英语听力水平，并且对提高学生的口语表达能力也非常有帮助。

2. 文化的知识介绍的加强

随着英语听力教学的不断深入和发展，文化背景知识的导入愈来愈受到重视。每个国家都有自己独特的文化背景和风俗习惯，如果不熟悉西方英语国家的文化背景知识，不懂得用西方思维方式来理解英语语言，就会给英语学习造成很大的障碍，学生就会很难理解某些听力材料或是产生误解，有时学生可能已经听清楚每个词了，却不能完全理解整个句子或是整篇文章所要表达的意思。在大学英语听力训练中，介绍文化背景知识是十分重要的。以下探讨文化背景知识对听力的影响：

（1）民俗习惯。随着国际交往的进一步发展，越来越多的中国人知道了一些西方节日，但是因为不了解西方文化，不知道节日的起源和发展。例如，有一篇关于 Boxing Day 的听力材料。Boxing Day 译为节礼日，是每年的圣诞节次日或是圣诞节后的第一个星期日。关于节礼日的起源存在争议，如一种被广泛认可的说法是雇员在圣诞节后的第一个工作日会收到雇主的圣诞礼物，这些礼物通常被称为“圣诞节盒子”（Christmas Boxes）。节礼日现在普遍被认为是购物日，因为在圣诞节过后的第一天，一般商家都会推出减价活动。如果学生并不了解有关节礼日的文化背景，就会误以为是拳击日，是打架争斗的日子。

（2）思维方式。不同的国家有着不同的思维方式，对待同一事物的看法也会有所不同。例如，在时间观念上中西方就存在差异。在赴约时，中国人会提前到达以示礼貌，而美国人则更注重准时到达。如果迟到，让人等候，显然是不礼貌的，可去得太早也不好。因为，主人要收拾房间，准备饭菜，如果去早了，主人还没有准备好，又要出来接待，就会造成不便。

（3）法律制度。在不同的国家，法律法规、制度政策等都会存在很大的差异。如果对于这些差异不是十分了解的话，就会造成听力理解上的障碍。

（4）生活习惯。在不同的文化背景下，各个国家的生活方式及礼仪习俗必然有所不同。了解了这种生活习惯上的差异有助于更好地理解听力材料的内容。

3. 听力材料播放前的提示

在给学生上听力课时，教师不能只是给他们放录音带，也不能只给他们解释一点词汇或者短语，而是应当用已有的与材料相关的知识来引导学生。例如，老师可以用简短的讨论进入主题，让学生根据听力题目或者预先给的一些暗示来猜猜听力的内容，从而帮助学生理解所要听的材料。通过这些方式，可以让学生对将要听到的内容有所期待，也从心理上进入一个准备阶段。另外，如果材料有一定的难度，可先用简单的语言来表述，但是切记，不能说太多或者自己将材料重复地跟学生叙述。学生将可能因此对材料失去兴趣。同时，也可以培养学生在听听力材料的同时做笔记的能力，在听听力材料之前，给学生一些相关的问题，这样一来学生就更有目的性，效率也会提高。用这种方法，学生就不会遗漏材料中的一些要点和细节，同时，这种方法也有助于学生理解较长的听力材料。

4. 帮学生抓住学习的重点

通常而言，学生们喜欢把材料里的每个单词都理解清楚。事实上，不同的听力材料在不同的语速下，大部分学生特别是听力能力不是很好的学生，想听懂每个单词基本上是不可能的。对这些学生而言，要把每个单词都听清楚并掌握它的含义，可能会顾此失彼，赶不上听力内容的速度，只能抓住其中的部分意思。甚至有的学生由于过于纠结于某个单词的意思而错过了听力材料的大部分内容，得不偿失。所以，总而言之，只要学生能把听力材料的重点，即能帮助理解材料的内容听懂并理解就可以了。一般而言，一篇材料里的诸多新单词并不会影响学生理解全篇大意。所以教师应当经常提醒学生要听重点，根据问题留意某些细节就可以了，教会学生如何抓住听力材料的重点。

5. 精听与泛听练习的结合

首先，精听是指“精确听力练习”，要求学习者在听力练习中捕捉到每一个词、每一个短语，不能有任何疏漏和不理解之处；其次，泛听则要求学习者在听力练习中以掌握文章的整体意思为目的，只要不影响对整体文章的理解，一个词，一个短语甚至一个句子听不懂也没关系。精听和泛听可以结合练习，如某一篇文章中有几段可以用精听的方法练习，在练习的过程中，准确无误地听到某些细节性的信息，有几段可以用泛听的方法了解文章的梗概。

### （三）听力培训模式策略

听力作为接收外界信息的重要途径，是人们的重要学习方法，在外语学习中，听不仅能够接收知识信息，也是认识语言的重要渠道。此外，听力在语言学习中的重要性还在于其对读写和说的影响，听力强则获取的信息更多，对读写和说的促进作用也更大。因此，听力在语言学习中是非常重要的一项能力，大学英语教育也因此将听力列为重点教学内容。在大学英语教学中，以策略为基础是在长期的教学研究过程中产生的听力教学方法，这一方法是运用学习策略对听力进行学习和理解，因此，大学英语教师的任务就是教会学生如何使用策略，引导学生通过策略的使用提高听力水平。大学英语听力策略教育模式的制定有以下四个步骤：

1. 判断策略

要对学生以往使用的策略进行了解和判断，在教授大学英语听力策略之前要了解学生之前所使用的策略类型和使用水平，这样才能更好地制定相应的学习策略。大学生已经经历了数年的学习，每个人都有自己的学习习惯和方法，听力学习也是如此，因此，教师要对学生进行初步了解，摸清学生的学习方法、策略倾向以及听力水平，综合了解后采用合适的教学方法，以便查漏补缺，帮助学生完善学习策略，提升策略在听力教学中的有效性。

在拟定策略时要注意符合学生的实际情况，切勿出现超出学生学习能力或太过容易的情况，不利于学生的语言学习。教师要以学生实际情况为依据拟定多样化的训练计划，包括分散训练和集中训练，在学生有需要时进行个别指导。在训练过程中可以从短期计划开始，计划—实践—完成、新计划—再实践—再完成，使学生在短期计划中养成良好的习惯，进而过渡到长期计划，形成良性的循环训练。

计划拟定是第一步，而后就是如何能够更好地完成计划，其中材料是重要的一环，材料的选择要符合拟定的计划，同时也要符合学生的学习水平。在实际教学过程中，教师可以根据已有的材料进行加工，如果已有材料不符合拟定计划，则可以根据实际情况进行归纳重组；如果已有材料符合拟定计划但不够丰富，则教师可以在完成既有材料的前提下补充一些材料供学生学习。

2. 控制策略

控制策略训练的目的，是让大学生在学习的过程中，对所使用的策略和学习的内容有一定的认识。控制性策略在教学中有四方面的体现：①在课程开始前，教师将授课内容和涉及的策略方法告知学生，让学生心中有数；②在课程开始后，教师会详细讲解策略如何使用及何时使用，使学生能够掌握学习节奏；③对采用的策略进行示范教学，让学生有参考对象；④让学生通过所提供的材料采用上一步教师示范的策略进行训练，使学生能将方法运用到实际中加以体会。通过上述方法，学生能够有效学习如何使用策略，教师也能从中了解到学生的学习进度和情况，能够及时进行调控和干预。

3. 评估策略

策略训练评估应在听力训练结束后进行，不能拖延，当堂就要对听力训练进行分析讨论，讨论的内容应围绕学生在听力训练中的策略使用情况。首先，让学生进行自我分析，阐述自己对策略的认识和理解，在听力训练中哪里使用到了策略、使用的过程是否顺利等，通过自我评估，学生能够对自身的掌握情况有一定认识，并在此过程中形成自我评价意识、建立自我评价标准；其次，学生之间进行讨论和评估；最后，教师要对学生进行评估，从策略使用过程和训练结果入手，对学生的掌握情况进行评估，总结学生的训练模式，帮助学生查漏补缺，奠定良好的基础，以便学生能够自主完成训练任务。

4. 修订策略

修订策略训练是在完成训练评估后，师生都对训练过程和策略使用情况有了一定了解，学生对训练过程中出现的问题进行反馈，教师答疑解惑的同时根据学生的反馈情况修订策略训练，使之更为完善。

总而言之，听力策略训练是大学英语听力学习重要且有效的方法，一方面能够引导学生专注于听力学习，增强学生对听力训练的适应度，培养学生的听力能力；另一方面能够帮助学生建立自主学习意识，形成良好的学习习惯。

### （四）听力教学法策略

语言学习的一个重要途径是听。听力是语言学习的起点，也是语言学习的基础，给学习者提供大量听力材料的输入，有利于语言内化，是语言学习的必经之路。通常认为听是一种被动行为，听虽有被动一面，但也有主动的一面，是一种主动行为。所以，学习者要充分发挥学习的积极性和主动性，通过大量材料的输入，从而提高听力方面的语言素养，就能较快掌握语言。

学生具有英语交际能力的必要条件之一是听力理解力。随着社会不断发展，听的能力显得尤为重要。听力好，才能获得更多有用的信息。在教学中听教师讲授知识，认识元音、连音等各种不同的语音，才能学会相应知识，才能学会正确的发音要领和发音技巧，才能真正说一口流利的英语，才能最终用英语和外国人进行自由的交谈。在实际的教学实践中，作为学习语言的重要途径，需要引起大学教师和学生的高度关注。

1. 听力可视化教学法策略

我国大学的英语教育应该注重学生的英语语言技能的培养。听力是一种通过对口头文字的理解进行沟通的语言技能。图片具有直观性的特点，通俗易懂，记忆深刻。因此，在大学英语听力教学中，教师可以把听力材料可视化，以图片和音频两种形式展现出来，从听觉和视觉两个方面训练学生的观察力和理解能力。以下是可视化教学在两种听力训练中的应用策略。

（1）可视化教学在句子听写与判断方面的应用策略。目前，我国大学英语教材的听力部分主要是选择题和填空题，缺少句子听写和判断正误题型，因此，听力内容可以先给学生展示一幅与主题相关的图片，选择学生熟悉的图片，然后给学生两到三分钟的时间观察和思考，在开始测试之前移除图片。正式的句子听写环节不是单纯的听写句子和判断正误，而是需要分为以下两个步骤：

第一，要求学生先在脑海中对所听到的句子意思的正确与否进行判断。如果学生认为句子表述正确，就把整句话听写下来。如果学生觉得句子表述错误，就要对句子做相应的修改再写到笔记本上。听力图片的选择可以是中国地图、教室里的图画、学生的集体照片等，听写判断的句子应该是根据图片内容设计 5～10 个正确和错误的陈述句。例如，听写的句子是“Henan province lies in the western part of Anhui province.”。当学生觉得这句话是正确的，就把整句话一字不差地记录下来。如果听写的句子是“Henan province is larger than Hebei province.”，当学生觉得这一句话不正确，可能会写出答案：“Henan province is not larger than Hebei province.”“Henan province is as large as Hebei province.”或者“Hebei province is larger than Henan province.”。

第二，要求学生们互相对比和讨论自己听写句子的内容，然后公布音频中的原始句子和中国地图，供学生观察和检查句子的完整性和准确性。这种听、写、记、说、看的学习过程真正体现了“以学生为主体”的课堂教学活动，可以加深学生对听力材料的理解和记忆，激发大学生的学习兴趣，锻炼学生的判断分析能力和自主学习的能力。此外，教师在指导学生完成本次听力任务之后，可以鼓励学生课外开展句子听写测试任务。教师可以把班级学生分为几个小组，给每个小组一幅图片，让小组同学基于自己的图片创建几道判断正误题，用来检测其他小组成员的观察力和听力理解能力。这种课外活动不仅让学生体会到听力学习的乐趣，也增加了学生听力训练的次数，提高了学生学以致用的能力。

（2）可视化教学在记录和复述内容方面的应用策略。在练习听力时，对文章内容的理解是最重要的。然而，仍有一些大学生能利用某些做题技巧答对测试题，但仍然不明白听力材料的主要内容。这种学习效果仅限于应试目的，学生的听力水平仍然不理想。如果学生听不懂听力材料的内容，就不能把内容复述给其他人，不能就所听内容与他人进行讨论和交流，无法发挥语言的交际功能。因此，要以听懂为前提设计题型，例如，让学生根据听力短文写下自己所听到的重要信息（如时间、地点、人物、事件、结果、程度等）。与句子听写是有区别的，可以把它称作“关键词”听写，可以按照以下四个步骤来进行：

第一，给学生出示一幅图片，然后提出两个问题：“Have you seen this picture?”和“Do you know what this picture is about?”，以了解学生对图片的熟悉程度。如果学生之前见过这幅图片，就让学生先相互讨论这幅图片描述的信息。如果学生没有见过这幅图片，可以给学生提供与主题相关的词汇，启发学生对图片的联想和思考。

第二，告诉学生将要听到一段描述图片内容的短文，同时给出短文中可能涉及的生词和专有名词，让学生利用词典查找它们的意思，有助于充分发挥学生的想象力，激发学生猜测故事情节的好奇心。

第三，播放短文录音，让学生在笔记本上写下自己听到的关键信息。听力内容播放三遍，听第一遍时可能只听到少量的关键词，听第二遍和第三遍时学生获取的单词和信息会更多，再对第一遍听写的内容进行补充和完善。

第四，学生分组讨论和整合各自记录的关键信息，重新组织原文的内容。合作学习完成之后，教师公布听力原文，学生把自己重建的短文内容和原文内容做比较。如果学生对听力材料中的某个信息有疑问，可以在课下做进一步的调查。

2. 听力元认知教学法策略

元认知策略是教育心理学中的重要内容，这个策略主要可以分为以下三项内容：①计划策略，这项策略指在学习活动之前的准备工作，对即将进行的活动做出一个可行性计划，包括选定目标、实施步骤、预计效果、结果评价标准等方面。②监控策略，这项策略相比于计划策略而言，需要学生有更强的自主性，在学习过程中，有意识地对照自己做出的计划，及时评价和反馈学习活动的效果，一旦出现偏离计划的行为，应当立即进行调整，主要包括自我提问、阅读材料、考试的时间及速度控制等各方面。③调节策略，这项策略是在监控策略完成度比较好的前提下，学生对自己的学习活动结果进行标准化评价，由此确定是否达到自己的目的，如果发现已经偏离目标，则要自我审视计划策略以及监控策略，并做出相应的调整和优化。

（1）元认知教学法的应用价值。由于学生的复杂性，大学英语听力对大学生而言，难度比其他英语内容要大。因此，教师应当密切关注学生的英语听力学习情况，有意识地引导学生进行自主学习。而元认知策略在各方面都对教师英语听力教学有指导性作用，教师可以根据英语听力教学的不同阶段实施不同的学习策略。例如，根据英语学习的前中后三个阶段进行全面的策略指导，帮助学生建立听力练习计划，并制定相应的措施监控学习过程，最后根据学习结果调整学习策略。可见，听力学习活动与元认知策略紧密地联系在一起。从这个角度而言，元认知策略在大学英语听力教学中有着非常大的发展潜力。

（2）元认知教学法的应用策略。对于元认知教学策略在大学英语听力教学中的应用，下面主要从英语听力前、英语听力中和英语听力后三个方面来进行详细阐述。

第一，英语听力前的策略。

首先，唤醒学生的元认知意识。由于大部分大学生刚刚经过高强度的高中学习生活，进入大学后往往学习主动性不足；同时，由于英语听力的乏味，学生对其兴趣缺乏。因此，学生没有意识，也不会主动地进行原因分析，教师此时就应当主动担负起分析的责任，与学生一起分析听不懂的原因，并教授元认知策略的相关理论知识，同时让学生在进行听力活动之前做好相应准备。

其次，协助学生制订听力计划、目标。计划策略中的一个要求就是确定学习目标，因此，教师可以根据每个学生的不同特点，帮助学生订立一个学习目标和计划，同时拟定具体的细分指标，保证目标具有可操作性。此外，针对那些英语基础较为薄弱的学生群体，教师制订学习计划应当从读音开始，在短期内进行高强度训练，保证学生能够掌握一些读音技巧，由此奠定听力训练前的基础。当然，对于听力基础较好的学生，可以在课后布置针对性强的课外听力任务，如一些国外的电台节目等，让学生能够长期处于一种语言环境之中。

第二，英语听力中的策略。

首先，培养学生自我管理学习策略。在进行英语听力训练活动中，很多学生会遇到很多困难，如注意力的集中问题，此时教师应当告诉学生一些监控策略，以更好地进行自我学习管理，内容包括：①提高学生的注意力，除了要强调注意稳定性之外，由于每个人在持续集中注意八秒钟左右会有大概一秒钟的注意起伏，因此，教师还需要求学生将注意力放在英语听力句子中的关键词句；②教师应当着重引导学生在听英语篇章的过程中，对于文章结构的把握要高度重视，并教给学生一些听“结构”的方法策略。

其次，加强对学生预测能力的培养。大学英语听力语速较快，学生在短时间内无法获取大量信息，因此，教师除了指导学生听关键词句的方法之外，还需对学生预测能力进行培养。这种能力指的是，在听英语的过程中，学生能够利用已有的知识经验，对听力中接下来要讲述的内容进行预判，从而通过联想获取更多的信息。因此，教师在平常的英语听力教学过程中应当对学生的这种能力进行系统的、有意识的培养，尽量使学生达到一种应激反应，养成预测的习惯。

最后，培养学生自我监控能力。在听力活动中，监控策略也比较重要。学生在进行英语听力活动时难免会出现脑中空白的情况，此时应当及时调整自己的心态和策略。例如，学生受到窗外风景的影响、听到一个陌生的单词等，就会长时间地陷入停顿之中，导致后面的大篇听力内容没有顾及。因此，教师应当教给学生一些监控策略，保证学生在活动过程中能够有意识地监控学习进程，一旦遇到听不懂或者没有学过的单词，就要暂时忽略，继续听后面的内容，从而对文章整体有一个了解。当然，教师还需教给学生一些速写的技巧，如写下关键词、利用符号等，这样才能帮助学生更好地理解听力内容。

第三，英语听力后的策略。

首先，及时鼓励学生进行自我总结。在大学英语听力教学过程中，学生进行完一项听力活动后，教师大多不会对活动进行总结，对学生的评价也完全按照试卷分数来评定，很难发现学生在听力学习中出现的问题。即使出现一些明显的问题，教师也大都不会想办法解决，都是通过持续不断的针对性练习来加强。所以，教师要想利用好元认知策略，就应当在听力训练后，进行教学总结反馈，并且尽量教给学生总结方法，形成自我总结的意识。例如，在听力学习结束后，教师可以鼓励学生进行小组总结，交流在活动中遇到的一些听力难题；同时，应在课堂上巡视，对小组成员进行有效指导，教给学生总结的方法，让学生切实地在讨论的过程中有所收获，并且在下一次的听力训练中得到改进。

其次，与学生进行有效沟通，分析问题原因。学生通过听力训练之后的总结，能够初步发现自身的听力问题，并且也能想到具体的改进措施，但是对于产生这种问题的背后原因往往不会分析，更不会主动去进行自我审视。因此，教师在总结之后应当对学生出现听力问题的原因进行深度分析。要想达到这个目标，教师应当了解学生内心的真实想法，要与学生做足够有效的沟通，在谈话中了解学生在英语听力中出现的具体问题，如不会听关键词、不会速记等，针对具体的原因再进行相应指导，学习效率才会倍增。当然，对于那些表现比较好的学生，教师应当进行适当的表扬，赞同学生的学习策略，加强学生学习英语听力的信心，提升学生的学习兴趣。

最后，教师应有意识地引导学生养成自我学习的习惯。大学英语教学仍旧以教师讲授为主，听力也是教师安排任务、学生被动学习，学生的自主学习意识较弱。因此，教师应当在这方面有所加强，在教学过程中主动帮助学生养成自我学习的习惯。例如，在听力教学结束后，教师应当要求学生在课下对于课上的听力素材进行反复练习，直到听懂为止。学生也应当积极配合教师，努力锻炼自己的听力技能，提升学习效率。

# 第二节 大学英语口语教学

## 一、大学英语口语教学的目标

大学阶段的英语口语教学目标也分为三个等级，即基础目标，提高目标和发展目标。

第一，基础目标。基础目标是针对大多数非英语专业学生的英语学习的基本需求确定的，具体包括四个方面：①能就日常话题用英语进行简短但多话轮的交谈；②能对一般性事件和物体进行简单叙述或描述；③经准备后能就所熟悉的话题做简短发言；④能就学习或与未来工作相关的主题进行简单的讨论。语言表达结构比较清楚，语音、语调、语法等基本符合交际规范。能运用基本的会话技巧。

第二，提高目标。提高目标是针对入学时英语基础较好、英语需求较高的学生确定的，具体包括四个方面：①能用英语就一般性话题进行比较流利的会话；②能较好地表达个人意见、情感、观点等；③能陈述事实、理由和描述事件或物品等；④能就熟悉的观点、概念、理论等进行阐述、解释、比较、总结等。语言组织结构清晰，语音、语调基本正确。能较好地运用口头表达与交流技巧。

第三，发展目标。发展目标是根据学校人才培养计划的特殊需要以及部分学有余力学生的多元需求确定的，具体包括三个方面：①能用英语较为流利、准确地就通用领域或专业领域里一些常见话题进行对话或讨论；②能用简练的语言概括篇幅较长、有一定语言难度的文本或讲话；能在国际会议和专业交流中宣读论文并参加讨论；③能参与商务谈判、产品宣传等活动。能恰当地运用口语表达和交流技巧。

## 二、大学英语口语教学的特点

### （一）教学内容的特点

英语口语教学的内容是广泛的，它不仅包括在口语课上教学生如何说，而且还要从教学内容、教学安排等方面保证学生在课下都有大量的口语实践机会。因此，教学内容的广泛、可延展性是英语口语教学的一大特点。教师可以有计划地组织安排各种训练活动，把训练学生听、说、读、写、译等各项能力有机地结合起来，根据不同的学习阶段，不同的练习目的和主题采取诸如朗诵、辩论、演戏、配音、口头作文等多种形式，把握适当的难易度，巩固学生的基本功，使教学内容成为一个可伸缩的，知识性、趣味性并重的系统。

另外，英语口语教学也是拓宽知识、了解世界文化的素质教育过程，兼有工具性和人文性。因此，设计英语口语课程时应充分考虑学生的文化素质和国际文化知识的传授以及听说能力培养的要求，给予足够的学时，鼓励使用先进的信息技术，开发建设网络课程，为学生提供良好的语言听说环境与条件。

### （二）教学模式的特点

英语口语教学不同于一般的知识传授过程，它的教学模式需要更多地体现英语教学的实用性、知识性和趣味性，有利于调动教师和学生双方的积极性，尤其要体现学生在教学过程中的主体地位，教师在教学过程中的辅导作用。教师可以根据不同活动内容的需要，灵活多样地选择最恰当的教具和最直观有效的教学手段，激发学生的学习兴趣，提高学习的积极性和主动性。根据学校的条件和学生的口语水平，还可以充分利用网络环境，直接在网上进行听说教学和训练。网络教学系统能随时记录、了解、检测学生的学习情况以及教师的教学与辅导情况，充分体现英语教学的互动性。英语口语教学与其他教学模式相比较，口语教学的教学手段和教学方法的选择是否成功，极大地影响着口语教学活动中，学生互动性的实现程度，进而影响英语教学效果的好坏。

### （三）教学评估的特点

教学评估是英语口语教学的一个重要环节。全面、客观、科学、准确的评估体系对于实现教学目标至关重要。它既是教师获取教学反馈信息、改进教学管理、保证教学质量的重要依据，又是学生调整学习策略、改进学习方法、提高学习效率和取得良好学习效果的有效手段。对学生学习的评估可分为两种：一种是形成性评估；另一种是总结性评估。无论采用哪种形式，英语口语教学的评估都是考核学生实际使用英语语言进行交际的能力。其中，学生口语表达的准确性和流利程度是衡量口语教学效果的重要指标之一。口语教学的主要内容是语音教学，自然规范的语音、语调将为有效而流利的口语交际打下良好的基础。尤其是在大学口语教学过程中，教师重视发音的准确性，而不过分强调流利程度有助于学生培养良好的语言习惯。英语口语教学是通过培养学生语音、语调、语速的准确性和流利程度来进行的。

### （四）教学管理的特点

英语口语教学的管理贯穿于英语口语教学的全过程，要确保英语口语教学达到既定教学目标，必须加强教学过程的指导、监督和检查。因此，口语教学的管理要做到以下三个方面：①必须有完善的教学文件和管理系统。教学文件包括：学校的英语教学大纲和口语教学的教学目标、课程设计、教学安排、教学内容、教学进度、考核方式等。管理系统包括：学生口语成绩和学习记录、口语考试分析总结，口语教师授课基本要求以及教研活动记录等。②口语教学推行小班课，每班不超过 30 人，如果自然班人数过多，可将大班分成约 30 人的小班，分开上口语课。③有健全的教学管理和培训制度。英语教师的口语水平是提高口语教学质量的关键，学校应建设年龄、学历和职称结构合理的师资队伍，加强对教师的培训培养工作，鼓励教师围绕教学质量的提高积极开展教学研究，创造条件因地制宜开展多种形式的教研活动，除课堂教学之外，对第二课堂指导的课时应计入教师的教学工作量。

## 三、大学英语口语教学的策略

英语课主要目的是通过大量的语言实践和有意义的语言运用，帮助学生提高语言技能和实际运用英语的能力。英语课应倡导学生主动参与课堂教学活动，以口语训练为主，勤于动口，积极与他人合作、交流，激发英语学习的情趣。

### （一）纠正英语口语发音

在大学英语的第一堂课，向学生阐明正确发音的重要性，即标准的发音是一个人英语口语素质的基本体现。并且督促学生积极纠正，在课下同学之间互相帮助，互相监督。同时，教师也应该帮助学生总结一些极其容易出错的发音，在课堂上有针对性地指出，让学生引起足够的注意和重视。教师可以安排学生课下做一些他们感兴趣的原声材料，模仿练习并要求在课堂上进行展示，如电影对白、演说词、诗歌朗诵、英文歌曲等。学生通过模仿，不仅可以纠正每个单词的发音，也可以有意识地去学习纯正的语调及地道的表达方法，从而增加对英语的语感。

### （二）培养自主学习意识

口语课的成功与否很大程度上决定教师与学生是否明确他们各自在口语课上的作用。建构主义学习理论认为学生是信息加工的主体，是意义的主动构建者。在英语口语教学中，学生是主体，教师要相信学生，培养他们的自主意识。学生并非一切都要等待老师才能学会，让他们用自己的眼睛、耳朵、嘴巴、手去看、去听、去说、去写。调动学生参与课堂教学的积极性，有效地改变教师一言堂的沉闷、单调的教学模式，形成以学生为主体的课堂教学氛围。

### （三）培养英语思维能力

第一，鼓励学生掌握尽可能多的词组。在大学英语教学中，单词的学习，不能占用太多的课堂时间，而应该成为学生自主学习的一项主要内容。传统教学中比较重视对单词的掌握，并配以一定的例句，但在实际生活中，词组才是人与人交流的最小单位。因此，学生应以词组为单位，尽可能多地掌握词组。教师为了引导学生，可以在课堂上适当地加入词组接龙竞赛之类的游戏，要求学生按顺序将自己所掌握的词组写到黑板上，这种方法一方面可以活跃课堂气氛，另一方面也可以提高学生记忆词组的积极性。

第二，地道英语固定表达法的学习。有些地道的英语表达法可以猜出它们的意思，却很难在说的时候想到这些固定的说法。所以，教师应该引导学生多看些纯正的英语阅读材料，地道的英语影片，并有意识地积累这样的句子。

第三，背诵文章讲故事，培养语感。学生通过背诵短小精悍的文章，可以缓解畏难情绪，激发他们的兴趣，更重要的是培养了他们的语感。在跟读—朗读—背诵这三部曲的练习中，学生们提高了他们的断句能力和理解能力。无论是怎样的材料，只要是地道的英文，难度符合学生的水平，内容是学生们感兴趣的，坚持背诵，都能提高学生的语感。例如，教师可以在每节口语课上安排一个学生讲故事的环节，要求学生们把课下收集的或者自己感兴趣的故事或者笑话在课上讲给大家听，其实只要是学生感兴趣的，他们都能在课堂上踊跃表现。

### （四）注重输入与输出活动

口语教学的特殊性也表现在语言的输入与输出的关系上。输入与输出是构成口语交际能力的重要部分。外语交际能力包括准确接受信息和发出信息的能力，也就是输入与输出的能力。只有经过一定的语言材料的输入才可能有输出。一般而言，中国大学生很少有机会与来自说英语的国家人士交谈，缺乏真实自然的语言环境。教师作为课堂教学的组织者，既要注重给学生创造外语的环境，尽可能多地用英语组织教学，扩大学生间、师生间的英语交流，更要把课堂里所要掌握的知识与口头表达有机地融合在一起，给学生创设一个听说英语的氛围，这就需要教师在教学中想方设法培养学生“听”和“说”的能力，帮助学生养成听说结合的习惯。大学英语朗读磁带，听力训练磁带和录像带为学生提供了很多素材，有助于扩大思维空间，提高学生对课文主题的兴趣，同时也增加了语言的输入。

第一，先听题，后听课文，回答问题法。这一步让学生进行听力综合训练，培养语感，引导学生从整体上感知课文，提高在听的过程中获取和处理信息的能力。

第二，看录像，再听课文，了解课文大意法。这一步要求学生抓住关键词；听大意和主题；确定事物的发展顺序或逻辑关系；预测下文内容；理解说话人的态度；评价所听内容；判断语段的深层含义，使学生进一步了解课文内容。

### （五）强化口语交际策略

交际能力包括四个方面：一是语言能力，指正确理解和表达话语和句子意义所需的语音、词法、句法、词汇等语言知识系统；二是社会语言能力，指语言使用的规则，即在人际交往中合适理解和使用话语的能力；三是语篇能力，指在超句子水平面上理解和组织各种句子构成语篇的能力；四是语言策略能力，指说话者在遇到交际困难时运用的一套系统的技巧，用于补救交际中，因缺乏应有的能力而导致的交际中断。因此，大学英语口语教学，应注重在交际性训练中培养语用能力，提高口语交际策略。

第一，创造语言环境，营造以学生为中心的课堂交际场景。因此，教师应联系社会生活设计真实的任务情景，将语言知识的学习融于语言使用的活动中，使语言能力和语用能力的发展紧密结合起来。另外，策略能力也是交际能力不可忽视的一部分。当学生语言知识和语言能力有限，不足以充分和合适地表达自己的思想时，可利用转述、借用、手势与回避等策略，从而保持交际渠道畅通。

第二，发挥教师的指导作用，调控与激励学生的学习动机。动机策略包括激发和调动学生的外部动机和内部动机。外部动机指学习活动的表现与活动结果之间的联系，如出色的表现所带来的知识积累及其在今后学习中的价值；内部动机指学生，在活动中花费努力而获得的自我愉悦和成就感。因而教师应充分调控与激励学生的学习动机，为他们提供必要的资源和帮助。

第三，充分利用多媒体辅助教学，享受纯正的现场语言交际情景。多媒体信息量大、速度快，可帮助教师传递大量信息，给学生提供多种形式的训练方法及更多的语言实践机会，有利于语言应用能力的提高。同时，它具有语言、画面、音响三结合的特点，把学生带进真实的社会语言交际场所，视觉、听觉冲击力强，效果得以优化。

## 第三节　大学英语阅读教学

### 一、大学英语阅读教学的目标

大学阶段的英语阅读教学目标分为三个等级，即基础目标、提高目标和发展目标。

第一，基础目标。基础目标是针对大多数非英语专业学生的英语学习基本需求确定的，具体包括三方面：①能基本读懂题材、熟悉语言难度中等的英语报刊文章和其他英语材料；②能借助词典阅读英语教材和未来工作、生活中常见的应用文和简单的专业资料，掌握中心大意，理解主要事实和有关细节；③能根据阅读目的的不同和阅读材料的难易，适当调整阅读速度和方法。能运用基本的阅读技巧。

第二，提高目标。提高目标是针对入学时英语基础较好、英语需求较高的学生确定的，具体包括三方面：①能基本读懂公开发表的英语报刊上一般性题材的文章；②能阅读与所学专业相关的综述性文献，或与未来工作相关的说明书、操作手册等材料，理解中心大意、关键信息、文章的篇章结构和隐含意义等；③能较好地运用快速阅读技巧阅读篇幅较长、难度中等的材料。能较好地运用常用的阅读策略。

第三，发展目标。发展目标是根据学校人才培养计划的特殊需要以及部分学有余力学生的多元需求确定的，具体包括三方面：①能读懂有一定难度的文章，理解主旨大意及细节；②能比较顺利地阅读公开发表的英语报刊上的文章，以及与所学专业相关的英语文献和资料，较好地理解其中的逻辑结构和隐含意义等；③能对不同阅读材料的内容进行综合分析，形成自己的理解和认识。能恰当地运用阅读技巧。

### 二、大学英语阅读教学的特点

大学英语阅读教学是改革前后较少受到质疑的语言技能之一，不仅对于其重要性，而且对于其教学效果方面都是如此。

#### （一）阅读内容的特点

从对大学英语教材的把握上看，大学英语教材中几乎包括了各种文体，具有多样性和现代性，其多样性表现为，一是文章涉及多个领域，如语言、文学、经济、科技等；二是体裁有说明文、记叙文、议论文；三是语域的多样性，所选文章既有书面体文章，也有语体口语化乃至俚语化的文章。因此，大学英语的阅读内容具有篇幅长、生词多、句法多样化、思想具有深度等特点。

### （二）阅读方式的特点

大学英语阅读一般分为精读、泛读和略读。

第一，精读。要求学生毫无遗漏地仔细阅读全部语言材料，并获得对整篇文章深刻而全面的理解，在精读课本中，每篇课文后的词汇、语法、句型及注释都应仔细领会。

第二，泛读。也可称为普通阅读，要求学生读懂全文，对全文的主旨大意、主要思想和次要信息及作者的观点有明确的了解。对全文只做一般性的推理、归纳和总结，无须研究细节问题和探讨语法问题。但要求阅读速度高于精读速度的一倍。

第三，略读。是一种浏览性的阅读，指学生以他能力达到的最快速度浏览阅读材料。略读不需通读全文，只跳跃式地读文章的主要部分，主要部分一般指第一段、最后一段及中间衔接段，因为，第一段一般为全文概述，最后一段为归纳总结，中间衔接段一般为上下文关系段落或者有递进关系、转折关系、因果关系等。目的是获取全文的中心思想和主要内容。一般而言，略读的速度应快于泛读速度的一倍。

## 三、大学英语阅读教学的策略

### （一）语篇教学法的运用

在传统的语法翻译理论的指导下，英语阅读常常重知识点的分析而轻语篇的整体理解，这样的教学模式使学生被动接收信息，不能紧扣语篇结构进行全面分析。语篇分析理论主张把文章看作整体，从文章的层次结构着手，引导学生注重句子与句子之间的衔接、段落与段落之间的过渡，使学生在语篇基础上掌握全文，从而提高理解能力。在大学英语阅读教学实践中，运用语篇教学法进行教学的主要环节有以下方面：

第一，围绕文章标题，预测文章内容。文章标题是文章内容的总概括，通过对文章标题的分析，可以有效地预测阅读材料的语篇类型及题材。在此过程中，教师可以围绕标题提一些启发性的问题，这不仅有利于预测文章内容，还为下一步导入文化背景做好了铺垫。

第二，导入背景知识，进行体裁和语篇分析。体裁是文体分析的三个层面之一。体裁分析是语篇分析的一个方面。要让学生学会比较不同的体裁所达到的不同交际效果，就必须在教学中及时导入相应的文化背景知识，只有让学生充分了解不同文体的特点，认识不同文体的结构，才能有效培养学生运用正确的阅读方法来进行阅读的能力，从而提高阅读效果。例如，记叙文阅读时要抓住三个要素：人物、背景（时间、地点）和事件的发生、进程及结果。记叙文常通过时间的先后和地点、空间的转移来描述事情的发展过程。议论文则要抓住论点、论据和论证这些要素。说明文则需要注意文章的主题句及辅助句。说明主题句的辅助部分常用举例的结构形式。与此同时，读者一定要明确语篇的整体形式。例如，文章如何开篇、如何结尾，段落如何发展、如何照应，主要观点如何贯穿全文，中心思想如何表达等。

第三，抓住主题句，利用信息传递及组织模式把握语篇中句子和段落中心，并进行必要的语法、词汇衔接手段分析和意义连贯推理。在此过程中，教师可以把“篇章纽带”的知识以及有关语篇衔接与连贯的知识介绍给学生。例如，用表示时间顺序、地理方位、因果关系等逻辑概念的“过渡词语”以达到文章的连贯性和黏着性；或运用“语法纽带”即通过使用省略、替代、照应等句法手段达到承上启下的效果。从英汉语篇模式及其主题提出的位置来看，英语本族语者重直线型思维。在英语语篇中，英语本族者倾向于在文章的前一部分（文章的头三分之一段落）提出主题思想。具体到段落中，每段常以一个点明中心思想的主题句开始，接着一层层展开主题，进行论述。

第四，精讲部分重要词汇用法，辨析词义；疏通语言点并提供操练句型。这一环节，在日常教学实践中，大部分教师都相当重视，但值得注意的是，词汇语法的辨析讲解需要把握一个度，若过了这个度，整个教学过程就容易给学生一种不一样的感觉。

第五，概括全文中心思想。语篇是由段落组成的，每段的主题句基本概括了段落大意，读者通常可以根据主题句推测出语篇的大致内容。换言之，综合几个主题句就可以概括出全文的中心思想。只要把握住全文的中心思想就能更快、更好地理解文章。

### （二）词汇量与阅读量的累计

词汇量与阅读量是阅读理解的基础，往往预示着阅读能力的高低。因此，教师要督促学生加大词汇量和阅读量，鼓励他们多读、多写、多记，同时传授一些词汇记忆方法，如文章中记忆法、造句记忆法、联想记忆法、构词记忆法等。此外，还有必要系统讲授一些词汇学习理解方法，如利用词缀猜测生词的含义；利用上下文来推测词义；利用近义词、反义词、同类词来比较词义；通过加大阅读量来巩固词汇等。同时，注意一词多义，引导学生掌握词汇的派生、合成和转化等构词法知识，建立起便于记忆和应用的新图式，扩大自己的词汇量。

### （三）快速阅读技巧的传授

第一，跨越生词障碍。跨越生词障碍可以通过猜测词义来解决。猜测词义的方法有很多，如根据语境、定义标记词、重复标记词、列举标记词以及同位语、同义词、反义词或常识等。但这些方法都离不开两大要素，首先是阅读者本身的文化修养，即语言、文化素质；其次是通过全局识破个体的能力，要求读者要不断扩大自己的知识面，懂得社会、天文、地理、财经、文体等科普性知识。

第二，克服不良的阅读习惯，提高阅读速度。首先，要避免以单词为注视点，而要按意群进行阅读，这样才符合眼睛与大脑的协调。成组视读是一种科学的阅读方法。首先，要求把所读的句子，尽可能分成意义较完整的组群，目光要尽可能少地停顿。成组视读的关键在于它既不是默读更不是朗读，而是通过目光在外语与大脑之间建立直接的联系，即外语思维。其次，避免出声阅读和心读。出声阅读实际上是喃喃自语地把每个词读出来。心读实际上是一种声读形式，只是没有声音，也看不到嘴唇的嚅动，但在内心想象各个单词的发音，存在着一种内心说话的形式。最后，要认识到阅读是一种视觉过程，是靠眼球自左向右的转动和大脑的协调来获取信息的。有人阅读时总是一个词一个词地读，且常伴有一些习惯动作：用手指、摆头等，这些都是速读的障碍。读的时候要少眨眼、不摆头，只要眼球来回转动就可以了。

第三，利用略读、查阅来提高阅读速度。①略读，即指读者以最快的速度粗略地对文章的内容进行阅读；②查阅，即指以最快的速度从一篇文章中获取读者所需的材料或信息，包括查找人名、地名、事件发生的事件或地点等。首先快速浏览文章的前面几段，以便对文章的内容、背景、写作的风格以及作者的观点等有所了解，而对后面的一些段落可以只读每段的主题句。主题句一般位于段首、段末，也有少数插入段中。

第四，浏览所提问题，带着问题读文章。一般而言，作者根据自己的意图和思维模式，通过一定的语言手段，把分散的、细节的、具体的材料组织在一起，在训练或测试中，命题者往往采用多种方式进行提问，有直接的和间接的，但不管怎样，命题范围和思想基本与作者一致。阅读者先要搞清楚问题的要求，带着问题和所需的信息去查询，以提高阅读速度。

### （四）重视文化知识的讲解

文化知识即一些文化背景，包括风俗习惯、人物传记、社会经历等。文化背景的积累方法可以包括四方面：①依靠老师在阅读前进行讲授；②靠大量中、英文阅读积累，多读有关西方国家文化背景、风土人情的读物，特别是希腊、罗马文化故事；③可查阅有关工具书参考了解有关背景知识；④积极主动进行课外阅读。阅读的文章应体裁多样，可以包括记叙文、说明文、议论文等。

语言是文化的载体和组成部分，也是文化的写照和表现形式，其产生、发展和变化过程受本族文化的制约和影响，因而任何语言都带有所属文化系统的特征，包含着深刻的人文属性，体现着世界观和价值观。

在阅读过程中，文化背景知识的欠缺、跨文化意识的淡薄会直接影响到英语阅读的各个层面。可见，学生对阅读理解的多少与深浅，很大程度上取决于学生对文章所涉及的文化背景知识掌握的多寡。在大学英语阅读课的教学中，适时而恰到好处地介绍文化背景知识，对文化差异现象进行对比分析和讲解，有助于学生更好地理解阅读材料，激发其阅读兴趣。大学英语的阅读材料涵盖了历史、地理、人文、科学以及风俗民情等各方面的知识。要求学生不断扩大自己的知识面，平时阅读时自觉形成收集有关英语国家的文化信息并内化为自己英语方面的能力。在英语阅读课的教学过程中，对阅读材料的背景知识进行恰当介绍，不但可以激发学生的阅读兴趣，也有助于学生正确理解、把握阅读材料，提高英语阅读课堂教学效率。另外通过播放视频向学生介绍英美等国家的背景知识，使学生吸取知识，提高能力，丰富学生的阅读知识视野。

## 第四节　大学英语写作教学

### 一、大学英语写作教学的目标

大学阶段的英语写作教学目标分为三个等级，即基础目标、提高目标和发展目标。

第一，基础目标。基础目标是针对大多数非英语专业学生的英语学习基本需求确定的，具体包括三方面：①能用英语描述个人经历、观感、情感和发生的事件等；②能写常见的应用文；③能就一般性话题或提纲以短文的形式展开简短的讨论、解释、说明等。语言结构基本完整，中心思想明确，用词较为恰当，语意连贯。能运用基本的写作技巧。

第二，提高目标。提高目标是针对入学时英语基础较好、英语需求较高的学生确定的，具体包括三方面：①能用英语就一般性的主题表达个人观点；②能撰写所学专业论文的英文摘要和英语小论文；③能描述各种图表；能用英语对未来所从事工作或岗位职能、业务、产品等进行简要的书面介绍。语言表达内容完整，观点明确，条理清楚，语句通顺。能较好地运用常用的书面表达与交流技巧。

第三，发展目标。发展目标是根据学校人才培养计划的特殊需要以及部分学有余力学生的多元需求确定的，具体包括四方面：①能以书面英语形式比较自如地表达个人的观点；②能就广泛的社会、文化主题写出有一定思想深度的说明文和议论文，就专业话题撰写简短报告或论文，思想表达清楚，内容丰富，文章结构清晰，逻辑性较强；③能对从不同来源获得的信息进行归纳，写出大纲、总结或摘要，并重现其中的论述和理由；④能以适当的格式和文体撰写商务信函、简讯、备忘录等。能恰当地运用写作技巧。

## 二、大学英语写作教学的特点

大学阶段的英语学习主要包括听、说、读、写四项技能的训练。其中，写作教学与其他技能的学习又有差异，主要体现在以下方面：

第一，写作课是一个输出和检验的过程。学生先要有一定的信息输入——对体裁、内容都要有一定的了解，同时不论是课后还是课中，学生都应有一定的阅读量，积累了丰富的词汇、句型和语法，才能在写作课上游刃有余。换言之，写作课检验了学生平时的知识积累程度，检验了学生对语法的掌握和词汇的运用等。学生如果没有日常的积累，就没有写作课上灵活自如的应用。

第二，写作课对教师的要求高。写作课是输出和检验的过程。不仅检验了学生的知识积累，同时，也在检验着教师的积累和准备工作。首先，写作课教学要求教师充分准备素材，要让学生有所想，有所写，教师要启发学生思考。如针对题材的思考，针对体裁的思考，以及针对范文和遣词用句的思考等，都需要教师的启发和教导。其次，写作课要求教师具有比较广博的知识。因为，写作的内容涉及多个方面，教师除了要有较高的外语水平外，还要对相关内容有所了解。最后，教师课后要有耐心和责任心。学生写作的水平需要教师的指正才能有所提高，因此，课后教师的任务更重。阅读每一个学生的作文，然后给出适当的评语，没有充分的耐心和责任心是做不到的，或做不好的。所以，写作课的成功，一方面需要学生自身的努力；另一方面也离不开教师的引导。

第三，写作课是循序渐进的过程。写作是一个复杂、循环、创造的过程，是一个不断发掘的过程，它要求写作者进行丰富的联想，发现题材并将之组织成文。要想提高写作水平并不是短时间能够做到的。许多学生平时能够阅读很复杂的文章，但却写不出完整的句子。部分学生错误地认为，临考前背几篇范文就能在写作方面得高分。要解决根本问题，切实提高自身的写作水平，还需要多阅读、多分析，反复练笔。因为，写作的过程并不是简单地记录所看到或所读到的内容，而是用另一种语言表达自己思想的过程，其中涉及遣词造句、文章架构以及段落的衔接等方面的问题。因此，写作水平的提高需要较长时间的训练，非一两天或一两周所能促成。

## 三、大学英语写作教学的策略

写作过程是一个复杂的过程，它不仅需要学生具有坚实的语言基本功，包括拼写、词汇、句法等，也要学生善于安排篇章结构，充分挖掘内容深度。长期以来，写作都是英语学习过程中最重要的一个环节，也是教学中最为薄弱的一个环节。

### （一）指导写作教学过程

写作过程主要分三个阶段：写前准备、写作过程、定稿修改。准备阶段的教学目标是让学生在教师的指导下全面分析、掌握材料，形成写作提纲和“腹稿”。写作过程是学生根据要求完成写作的全过程。定稿修改是通过师生的信息互动，学生将作文修改完善。在整个写作过程中，始终注意突出学生是学习的主体这一根本指导思想，注意调动学生写作的积极性，充分发挥他们互相帮助、共同提高的协作精神。如果将这三个阶段进一步细化，可分为审题立意、列出提纲、确定主题句、组织扩展句、撰写结论句和精修细正这六个步骤。

第一，审题立意。审题是写好一篇文章的第一个且是最重要的环节。文章是否切题就看学生是否认真审题，是否能明白题材的写作要求。英语专业写作都会给出提示语，甚至是作文题目，学生必须围绕所给提示语或题目展开论述。因此，审题并理解题意很有必要。学生在拿到作文题目之后，先要仔细阅读题目，认真审阅写作部分提供的说明与要求，再确定相应的体裁，如议论文、说明文。议论文主要是权衡利弊或就观点进行反驳等；说明文主要是阐述主题或提出解决问题的方案等。教师可以对学生进行提问，了解他们的审题情况。通过审题，学生明确文章的中心内容，从而达到审题立意。

第二，列出提纲。在确定中心思想之后，学生需粗拟一个提纲。提纲是文章写作的计划，也是一篇文章的基本框架。提纲可根据文章的结构列出。文章是由引言段，正文部分和结论段三部分组成。引言段揭示主题，正文部分从不同的角度对主题进行阐述，结论段对全文归纳总结。

第三，确定主题句。主题句是表达全文主题的句子，它概括了全文的大意，全文的其他文字都应围绕它展开。因此，主题句一般放在文章的开头，其特点是开门见山地摆出问题，然后加以详细说明。读者便能一眼就明了全文的大意。主题句具有较强的概括性，它概括了全文的中心思想，反映了作者写作意图，它是全文的核心所在，作者思维的起点，扣题的准绳，阐述的对象，也是读者叩开阅读理解之门的钥匙，它对确保文章主题突出，有着举足轻重的作用。教师可以通过学生的主题句，得知其对文章主题的把握情况，从而判定其写作前的准备工作是否充分。因此，在英语写作过程中，应充分重视主题句，将主题思想准确而明了地表达出来。

第四，组织扩展句。扩展句是用来解释和支持主题句的句子。确定主题句之后，学生可以根据所列提纲，围绕主题进行发挥，收集与主题句密切相关的写作材料，为主题句服务，详细说明并支持主题句的思想。教师可检查学生有关主题的扩展，将任何与主题句无关的繁杂内容都舍弃。选择的材料最好来自我们的日常生活，因为，它们真实且具说服力，学生也相对熟悉，易于把握。在组织扩展句的过程中，注意句子之间必须用连词或关系词来连接，段与段之间要用过渡词，以体现文章的逻辑性，它们是连接句与句或段与段之间的纽带，在行文中起承上启下的作用。同时，学生也要注意整个篇章的层次性，将最重要的先写，然后逐级递减。这样可以使文章自然、流畅，重点突出。

第五，撰写结论句。最后一部分由结论句构成。结论句通常与主题句一样包含全文的中心思想，它总结了全文，深化了主题，但所用的措辞与主题句不同，它是换一种说法，变换措辞。学生可简明扼要地总结前面所写的内容，重申主题，使文章结尾与开头相互照应。结尾部分能加深读者对整篇文章的理解，给读者留下更为深刻的印象。

第六，精修细正。文章写完后，花几分钟的时间再认真通读一遍，修改明显的拼写错误，以及一些语法错误，如时态、语态等。修改环节很重要，如果行文错误太多，会影响到写作成绩的评定。所以，学生不要写自己不明确或不会拼写的词，以确保句子的正确性，尽量避免语法结构错误。当然，不可能避免所有错误，尽量细心检查一遍也是非常必要的。这一过程虽不能针对立题、结构、修辞等方面进行全方面考虑，但对个别词汇、语法、拼写错误稍加改动也很有意义。在“过程法”教学中，教师往往不是学生作文的唯一回应者和评估人，作者的同学也参与其中。除学生自己修改外，还可以进行学生之间的互改互评。教师再进行批改、讲评。讲评的重点放在文章的结构与内容上。

### （二）掌握写作教学技巧

过程教学法强调教师对写作过程的指导。由于指导的重点放在写作过程上，这将有利于学生了解自己的写作过程，并懂得写一篇文章必须经历的几个步骤，如写作前准备、起草、初稿、修改或重写等，这有助于他们写作能力的提高。但写作水平的提高，也有赖于学生对语言形式与写作技巧的掌握。写作与其他语言技能是一个整体，它的提高与其他语言技能的提高是一个相辅相成的关系。所以在一定程度上，不可否认成果教学法的可取之处。最后，西方写作教学研究出现了一种“回归结果”的倾向。因此，在写作教学过程中，教师对学生的语言知识、写作技能培养同样不可忽视。

1. 遣词造句

指导学生的表达与书写具体落脚在指导遣词造句上。写作部分重点考查学生的英语专业表达能力，而阅卷人员也较重视语言。写作技能也包括了语言运用的准确性，也就是使用恰当、地道的词语以及正确的语法、拼写、标点等。学生最常犯的语言错误就是拼写与语法。语法的错误包括时态、主谓一致、名词单复数等。因此，学生应把主要精力放在语言上，尽量避免拼写、语法等错误。除了打好语言最基础的基本功外，还需从词汇、句型等方面下功夫。

（1）词汇。根据不同的语境或上下文，学生需选择恰当的词语。在写作的时候，首先，必须保证选词的正确性。其次，根据所需表达的具体含义，选择最为恰当的单词。由于英语专业不像汉语那样喜欢重复，所以，在考虑相同的意思时，同一词语在一篇文章中最好不要重复出现，而应考虑使用其他同义词或近义词替换，可以选择一些具有一定难度的单词进行替代。因为恰当地使用高难词汇有助于提高写作层次。

（2）句型。在写作中，除了词汇可以丰富多彩外，我们还可以使用不同的句型结构。目前学生的写作句式单一，变换不够灵活。学生在写作过程中受自身的知识和时间等方面的影响，在句式变化上未能深入思考，以致出现行文呆板、不够灵活。在英语写作中，有很多的特殊句型都可以运用在写作中，成为文章的闪光点。例如，让学生多使用典型句式，适当运用成语和谚语，恰当使用一些平行、对比结构。

2. 结构衔接

结构衔接在写作过程中，要使句子或段落之间的衔接紧密，需用一些关联词来连接，这样才能使文章自然、流畅。关联词可以连接段落或句子。段落是文章中最基本的单位，表明了全文的结构层次。写作时一定要段落清楚，有开头、主体和结论三部分，故全文需分段撰写。而句子又是构成段落的基本单位。要将它们有机地组合起来，这就需要使用过渡性的词语。根据关联词表示的逻辑关系不同选择相关关联词。

3. 名句背诵

平时背诵一些常用搭配、习惯用法，以及一些名篇名句，有利于提高英语写作水平。学生通过大量语言信息的输入，扩大了词汇量，熟练了句型，拓展了知识面，在写作需要时，会自然而然地运用到背好的经典词汇与句型。背诵的目的在于灵活运用，所以，学生背诵时需深刻理解所背内容的含义，并掌握其使用的环境。写作时将这些背诵的词汇与句型运用于写作中或进行仿写。这样，既能节省写作时间，又提高了写作层次。

## 四、大学英语写作教学的创新

### （一）自由式写作教学模式

采用自由式写作教学模式，提升学生的思想深度和逻辑性。自由式写作主要分为两种：一种是严格意义上的不受任何约束的自由写作；另一种是环扣式的自由写作。但这两种自由式写作都限制在一定的时间之内，换言之，学生要在规定的时间内进行不间断的自由写作。

教师可在每次课上专门留10~15分钟的时间训练学生进行自由式写作，并且当堂给出学生写作题目。只有在学生毫无准备的情况下，才能获得较好的教学效果。作文主题跨度可以比较大，可由轻松愉快型逐渐过渡到严肃型或社会热点型，引导学生的思维实现平稳过渡，培养他们对实践生活和社会热点的关注。在自由式写作过程中，应先鼓励学生围绕主题发散思维、广泛堆积素材，然后，教师应遵循循序渐进的原则，有目的地引导学生对写作素材进行归纳、挑选、分组等，以训练其在较短的写作时间内辨析写作目的并有目的地选材。教师还可做进一步要求：①开始行文流畅即可；②逐渐要求学生注意格式、拼写、语法、句式、内容深度、文章结构等方面；③在学生完成自由式写作之后，教师可鼓励学生向全班同学分享自己的习作，并对分享习作进行现场点评，再辅之以范文赏析，从而使学生对比自身进行有效改进。

总而言之，在自由式写作教学模式下，学生可以接触到经济、政治、文化、历史等多方面的话题，能够不受约束自由表达自己的想法，一方面激起了学生的写作兴趣，使学生从内心喜欢上写作；另一方面也锻炼了学生独立思考和独立写作的能力，使学生的思想更有深度。在限定时间内不间断写作极大地锻炼了学生思维的连贯性和逻辑性；同时，也能暴露出学生知识上的不足，教师在对每个学生的写作风格与常见错误进行了解后，可与学生一起有针对性地进行改正，如扩大词汇量、补充语法知识点、专练常见错误、学会地道的英语表达等。

### （二）多模态写作教学模式

采用多模态写作教学模式，给学生以强烈的感官刺激。多模态写作教学模式是以多模态话语理论为基础，旨在通过强烈的感官刺激使学生快速吸收教学内容，提升课堂教学效率。在这种教学模式下，学生的主体地位得到了极大程度的彰显，学生的参与度也得到了极大提升，便于学生加深对教学内容的理解和记忆，进而调动学生的写作积极性。

第一，教师应深刻理解教材，整合文字、图片、音频、视频等多模态教学资源，实现可视化教学，由此来活跃课堂教学氛围，激发学生学习的兴趣。需要注意的是，教师也应依据教学目标有目的地进行资源的整合。例如，在进行记叙文写作教学时，可充分利用网络整合与记叙文相关的多模态教学资源，去粗取精之后利用多媒体设备展现给学生，使学生能够从整体上把握记叙文的整体格式和写作要领。

第二，教师应主动采取措施增加与学生的互动交流，使学生主动参与写作教学。具体而言，教师可与学生一起讨论课文内容，或写作技巧方面的问题，鼓励学生各抒己见，使学生深刻把握课文内涵和写作方法。之后教师可播放有关的视频短片，引导学生以小组为单位讨论写作思路，培养学生的想象力和创新力。学生在经过上述过程之后能够较快地找到适合自己的写作方向并在师生、学生间互动中提升自身的写作能力。

第三，教师针对专门的某一个写作话题作文，在资料库中选择对应的话题作文讲解，或自行制作反馈性在线课程。在课程中，从引导学生再次审题、分析写作重点开始，从该作文的提纲草拟、要点表达、连句成篇等各个方面进行专评专讲，并配以文本语料、配套练习等辅助性教学资源，为学生提供多模态的写作反馈。

### （三）诊断式写作教学模式

采用诊断式写作教学模式，及时解决教学过程中出现的问题。诊断式写作教学模式是将集体教学和个别化写作教学结合在一起的教学模式，即教师采取一定措施对写作教学和学生的写作学习进行有效诊断，并依据学生的个别差异进行有针对性的指导，促进教学目标的有效实现。具体而言，教师可按照调查问题、分析资料、实施纠偏的顺序进行诊断式写作教学。

第一，调查问题。①从教学主体入手，对自我和学生展开全方位调查、了解，明确自身的英语写作水平，反省自身所持的教学价值观，知晓每个学生的英语基础水平、学习兴趣、写作风格等；②从教学任务入手，对教学任务的性质和适切性进行进一步的确定；③从教学要素入手，调查当前英语写作教学所用的教材、教学方法、教育教学环境等。

第二，分析资料。在完成上述调查之后，教师应着手分析收集来的资料，并经过教师诊断、专家诊断、学生互评或自评等方式找到写作教学问题的根源。其中，教师应精选教学内容，认真诊断每一位学生的作文，对于深层次的语法错误进行批注修改，对于浅层次的拼写错误、标点错误等进行标记，对于基础较好的学生，着重关注其复杂句子的运用和行文的流畅程度，对于基础较差的学生着重关注其基础知识的掌握程度；教师可将学生分为若干小组，小组成员先分别阅读他人的作文，再就每一篇文章进行讨论，分析其中出现的错误并提出修改建议，不仅能够提升学生的参与程度，加深学生对于英语写作的认识，还能促使学生找到自身的真正问题，提升学生解决问题的能力。教师可邀请教育研究者或教育评价者对自身的英语写作教学和学生的英语写作水平进行公平诊断，从而借助外界力量进一步探究症结所在和问题实质。

第三，实施纠偏。在找到问题之后，教师进行纠偏，借以验证之前的诊断。在具体的纠偏过程中，教师先要做的就是进一步明确写作教学的目标，为纠偏工作树立正确的标杆。之后，教师要在注重共性的基础上关注个性，依据学生的个别化差异进行针对性指导，“促使每个学生都能明确自身症结出现的原因和解决的方法，以便促使每一位学生都能实现英语综合能力的提升和自身的全面发展”①。

① 张姝. 高校英语写作教学模式创新研究［J］. 教育现代化，2020（51）：161—164.

# 第三章 大学英语教学方法的创新

## 第一节 大学英语教学方法——合作学习

### 一、大学英语合作学习的观念

#### （一）英语合作学习的互动观念

合作学习强调相互交往的重要性，如果只是把合作学习当作老师和学生的双边互动就过于片面了，合作学习的互动观强调的是多方动态的互动，这与传统的教学观有着内容和形式上的巨大差异。合作学习所倡导的互动观，是一种不同以往传统的教育教学模式，具有先进性、科学性和发展性，主要体现在以下方面：

第一，强调教学活动是复合活动。在合作学习互动观里强调学习是一个信息间互动传递的过程，学生通过不断地交流合作进行信息互享，促进学习，这个观念建立在传统的互动观念之上，是对传统观念的反思与创新，符合现代教育教学的要求，教育教学中的互动行为方式主要分为：①单向型，强调老师对于学生的单线知识输出，学生被动接受知识；②双向型，不单单是老师向学生传递知识，同时学生也会对老师所传达的知识进行反馈，强调双方互动；③多向型，即老师和学生间、学生和学生间的沟通与交流，强调多维度、立体性互动模式；④成员型，建立在所有主体平等参与的基础上，老师也不再是特殊的存在，将老师作为成员之一，与学生一起学习互动，强调弱化老师的特殊性。

第二，生生互动的潜在意义。合作学习理论之所以受到学界瞩目，一个重要原因是对生生关系的创新性发展。这与传统教学中的强调师生关系，忽视生生关系不同，合作学习理论对生生关系非常看重，认为良好的生生关系对学生学习成绩的提高、完成社会化、个人的发展与进步有着重要影响。因为传统教育理念中不重视生生关系，因此，也不会花费时间去教给学生在与人交往中的社交技能，只强调师生关系的重要性，会导致生生关系的忽视，进而不能发挥生生关系独有的优势。

### （二）英语合作学习的目标观念

合作学习是一种有目的性的学习活动，因为合作学习强调动态立体多向互动，以达到学生学习提高、促进知识学习、形成良好品质的过程。合作学习相较于传统的教学更具有人文色彩、情感元素。合作学习强调在教育教学中达成学生的认知发展、情感养成、技能学习、实践合作能力的目标。基于合作学习的选择理论，这是一种内在需要被满足的理论，学生在学校得到满足才能适应学校学习和生活，才愿意去学习，在学习中获得尊重和归属于爱的需要，在得到需要满足以后，身心愉悦，才更愿意参与到学习当中。因而实际教学中，需要使学生在合作教学中感受到爱与被爱的需要，满足内在的需求，这就要求合作教学具有强烈的人文色彩，情感关怀。

在实际的教育教学中，在小组合作的时候，学生通过对共同目标努力过程中相互交流、相互借鉴、相互影响，竞争与合作并存，在一个愉悦的、温情的、友爱的环境中成长与进步，小组成员共同努力，在帮助他人成长中也得到自身的发展与进步。不仅满足了学生爱与被爱，归属与影响力的需要，而且达成了高质量的学习效果，促进学生学习，增加学生的积极性主动性。这种学习模式使学生在愉悦的氛围中学习知识，也提高了人际交往能力、沟通能力，对于学生全面发展产生了积极作用。

合作学习强调的是学习目标的达成，但是也没有忽视学生在小组合作学习中人际关系的发展。在合作学习中对于人际关系的培养体现在：①处理矛盾的能力，合作难免发生矛盾，在矛盾的解决中提高应变能力、处理问题的能力；②与他人沟通交往的能力，小组合作中需要小组成员的沟通交流，在这个过程中不断提高与人交往的能力；③合作技能的养成，在小组合作中，是需要和其他伙伴共同解决问题的，这个过程就可以促进学生合作技能的养成。现在教学中依旧存在教师只重视学术目标忽视合作技能目标的现象，因此，开展合作学习有利于两个目标的达成，促进高质量教学，提升教学效果，不断提高学生的学习能力，促进教育教学体系的完善和进步。

### （三）英语合作学习的师生观念

教学过程存在着很多矛盾，有学生和教学内容的矛盾、老师与学生之间的矛盾、老师与教学内容的矛盾等，其中，学生和教学内容的矛盾是主要矛盾。教育教学是一个关系复杂，矛盾众多，受多种因素影响的动态过程。在传统的教育教学体系中教师的教与学构成了传统教学的主要活动，在传统教育教学中，老师具有权威性，基本上是灌输知识给学生，学生机械地学习，基本不思考，没有主动性，大量的机械、重复没有吸引力的作业和课堂内容使得学生失去兴趣。“合作学习强调以学生为中心①”，重视学生的主体地位，弱化教师的权威性、主体性，充分发挥学生的积极主动性，使用学生感兴趣的方式积极调动学生的兴趣和积极性，从而以此达到课堂高质量完成，合作学习强调教师的引导性作用，让教师做学生学习路上的引路人，促进学生知识的学习和情感的发展，促进学生全面发展。

合作学习的师生观强调突出学生的主体地位，让教师学会“放手”，教师在进行教育教学中要利用生生互动的优势，利用小组合作，给学生大量的时间去探讨、交流、学习，改变传统的课堂形式，将课堂任务交给小组完成，老师作为课堂节奏的掌控者和学生学习的引导者。这种模式对于教师而言也是一种非常有利的模式，不仅可以减轻老师的授课负担，使老师有时间真正了解学生的学习情况，而且有利于老师分出更多的精力在研究教学上，提高教学的水平和课堂的质量，形成良性循环。于学生而言，老师的“放手”使得学生学习更具主动性与创造性，还可以提高学习兴趣，做课堂的“主人”，也满足了内在对于自我把控的满足。

传统教师的权威者角色被削弱，取而代之的是合作学习中老师的引导者、参与者、管理者、合作者、促进者、咨询顾问的角色，在这个过程中老师帮助学生解决学习问题，引领学生学会学习，做学生和教材内容矛盾的化解者，改变以往课堂中老师权威、学生服从的局面，形成良性的老师指导、学生参与的关系体系。

### （四）英语合作学习的形式观念

合作学习只强调小组合作，该理论提倡班级教学为基础与小组合作为主体相结合的方式。这是因为在现阶段的合作学习实践教学中，班级教学依旧有着重要地位和不可忽视的作用，因此，在实践中将班级集体教学与小组合作教学相结合，发挥两个教学方式的最大效能，助力学生学习。传统的班级集体授课与我们倡导的合作学习中的班级授课不同，传统的班级授课强调知识的灌输，时间长，效果差，没有趣味性，而在合作学习中的班级授课要求简短有趣，既要有研究性、引导性，还要有突出性和深入性，为小组后续活动提供指导和预留时间。一般的合作学习流程为：合作设计；目标呈现；集体讲授；小组合作活动；测验；反馈与补救。

合作学习小组中强调组员间的异质性，传统强调组员间的同质性，合作学习小组强调

① 郑家福，江超. 英语课堂教学中合作学习小组分组的问题及策略［J］. 教育理论与实践，2015（11）：54.

学习小组之间的同质性，这样在组内相互学习，组间相互竞争，只有这样小组成员才能真正地学到知识，促进全面发展。

### （五）英语合作学习的评价观念

合作学习的评价以标准参照作为基本评价，强调个人在过程中的进步，具有科学性、公平性、针对性。传统教育教学的评价体系主要依靠常模参照进行评价，如成绩排名、个人成绩分数等，以此来衡量学生学习成绩的好坏，区分学生的强弱，比较胜负。传统的教育教学的评价体系强调竞争性，将成绩、排名作为衡量学生成功与否的标准，不仅具有片面性，而且打击了学生的积极性，不利于学生的发展。合作学习的评价体系强调个人的成长与进步，强调个人的纵向比较，并非没有竞争性，只是竞争性体现在组间竞争，组内合作。这种评价模式将小组成员进步作为小组的进步，不仅调动了学生学习的积极性，增强了学习的欲望，而且促进学生组内团结，增强了责任感和使命感，有利于形成良好的合作竞争模式。

合作学习创新了评价体系，加入了基础分和提高分两个方面完善评价体系。所谓基础分就是学习者过往成绩的平均分数。提高分就是经过一段时间学习后，取得的分数较基础分增长的分数。强调学生个体的纵向对比，即自己与上一个阶段的自己相比进步程度，小组成员的进步会促进小组成绩的提高。在这个过程中，因为体现的是学生个体的进步，每个学生的学习基础是不同的，学习能力也有所差别，故而应该采取分类测评的方式，基础较好的学生一起测评，基础较差的学生一起测评，以保证每个阶段的学生得到最公平的测评。公正、公平对每个学生对小组所作出的贡献进行评价，使每个学生都得到奖励，使每个学生都能成长进步，形成良好的竞争循环。

合作学习的互动观、目标观、师生观、形式观、评价观等基本理念体现了心理学、社会学、教育学、信息学等在合作学习中的应用。合作学习突出强调了人际关系的重要作用，强调生生互动、师师互动和师生互动的多维度动态互动观，以小组活动为主体、班级授课为基础的形式，以标准参照为评价模式的手段，强调个人进步，以促进学习成绩的提高，学习能力的增强，在不断合作中加强学生的主体性，增强学生学习兴趣，促进学生身心健康成长。

## 二、大学英语合作学习的模式

### （一）指导型模式

学生小组成就分工法是典型的指导型合作学习方法，学生小组成就分工法强调教师在教育教学中的指导中心地位，从而突出教师的作用，这个学习方法是合作学习方法中最为灵活和简单的，学生小组成就分工法主要包括以下阶段：

第一，知识传授，老师作为主讲，将课程内容的主要概念信息教授给学生；

第二，小组学习，通过异质性组建小组，每个小组 4 到 5 个成员，组间具有同质性，通过小组活动使得小组成员掌握老师教授的主要概念；

第三，个人测验，每个学生就在小组内学得情况进行测验，只能独立完成，组内不可互相帮忙；

第四，得分计算，老师通过对学生的基础分和测验成绩进行比较，得出提高分，再将小组内成员的提高分计算平均值，得出小组成绩；

第五，小组奖励，根据小组成绩和一定的标准给予奖励。例如，荣誉奖励。

### （二）过程型模式

共学法是过程型合作学习模式的典型方法，共学法的应用可以包括以下阶段：

第一，小组成员形成积极的互赖关系，小组成员在进行小组活动的时候，要将自己看作是整体中的一部分，个人的得失与小组的得失息息相关。老师在教育教学中要使教育目标落地，使其具体分配到小组，将准备好的教学资料分发给各小组进行学习。

第二，合作学习小组使得学生可以面对面交流，增强了学生与学生之间的交流与合作，教师在进行分组后，需要落实学习任务，对任务进行解释，保证任务的明确，明确小组目标，进而使得小组成员明确个人目标与责任，增强小组成员的责任感，使每个小组成员都成为强者。

第三，小组在进行小组活动时不仅可以使小组成员学到知识，促进个人学习进步，而且可以促进小组成员的交往能力、社会能力以及合作能力。小组中各个成员为了小组共同的目标努力，在这个过程中，学生互相帮助、互相成长，也促进了合作和社交技能。

第四，合作学习以小组学习为主体模式，在这个过程中老师并非无所事事的，老师需要实时把控课堂进度，为小组合作学习中出现的问题提供帮助和解决办法，做小组合作学习模式中学生的引导者和咨询者。

第五，自我评价，小组活动的顺利进行离不开评价的反馈，不仅有利于小组成员对小组情况及个人情况有及时准确的了解，而且可以让教师及时了解小组情况，调整教学进度和方法，促进小组成员的进步。

### （三）结构型模式

结构型合作学习模式强调结构的建构，具体有以下方面：

第一，课堂结构，是在小组合作学习的过程中对课堂进行建构，使合作学习中的课堂具有凝聚力和向心力，提高课堂效率。

第二，小组结构，合作小组学习强调的就是小组的重要性，因此要注重小组的构建结构，有利于小组内关系的强化，形成很好的凝聚力，充分发挥小组的整体作用。

第三，沟通者结构，只有提高了沟通者的沟通能力，才能准确交流，提高效率，不断增强交流能力。

第四，精熟结构，小组合作学习强调团队学习的效果，只有团队合作发挥最大的效果才能促进学生学习进步，该结构可以帮助学生掌握内容，在互动中学习成长。

第五，概念结构，要想形成概念就需要通过实际活动来加深理解，可以通过面谈与上网等帮助小组成员对于概念的理解与加深。

第六，劳动分工结构，小组合作学习强调的是小组成员与小组整体目标相挂钩，每个小组成员都要在小组活动中完成自己的事情，承担一定的责任和任务，助力小组目标的达成。

### （四）探究型模式

探究型的小组合作学习模式强调学生的探究能力，在合作中探究学习，不断成长进步，具体有以下方面：

第一，老师提前明确课堂总的课题，把握课堂学习的方向。

第二，老师将课题告诉学生，让学生查找相关信息，老师针对学生的调查情况进行汇总，对于学生感兴趣的点和一些其他问题进行分类，让学生根据自己感兴趣的点选择问题，组成小组，小组成员就小组问题展开调查研究，提出自己的观点看法，得出研究结论。

第三，小组成员进行调查研究后，进行汇总，得出小组结论，小组选出代表向老师和其他同学进行汇报。

第四，由老师和其他小组对报告进行评价，不仅有利于小组成员对小组情况及个人情况有及时准确的了解，而且可以让教师及时了解小组情况，调整教学进度和方法。

总而言之，指导型、过程型、探究型以及结构型这些常见的教学模式各有千秋，均可以促进学生的学习成长，有利于调动学生的积极性、主动性，有利于改善师生关系，树立合作意识、集体意识，对于教师的英语教学有重要启发意义。

## 三、大学英语合作学习的功能

第一，良好课堂氛围，畅所欲言，激发学生的热情和激情。小组合作学习与传统的教学不同，小组合作学习强调的是小组的主体形式，这样由原来的大课堂变成了现在的小组，人数变少了，小组成员间也相互熟悉，就算小组成员出现说错话或者答错问题的情况也不会觉得不好意思。而且小组合作的学习模式，给小组成员提供了轻松愉快的小组氛围，使学生没有负担，没有紧张情绪，没有压力，不会担心自己做得不好，畅所欲言。在这种氛围下的小组学习，可以使得小组成员将更多的精力放在完成小组任务上，有利于激发小组成员的学习热情与激情，充分发挥小组成员的创新能力与人际交往能力，体会到学习的乐趣。

第二，突破传统教学的局限，提升学生主体地位。传统的教学强调的是大班教学，老师主体地位，小组合作学习强调小组学习，突出学生的主体地位。传统课堂学生众多，在有限的上课时间里使每个学生都有发言的机会是很难实现的，而且教师还需要把握课堂进度，完成教学任务，时间紧任务重也造就了传统课堂的老师主体地位。小组合作学习面向全体学生，让学生做课堂的主人，小组合作学习人数少，多个小组可以同时进行，不仅有利于每个学生都开口学习英语，而且有利于调动学习积极性，提高教学效率，完成教学任务。在小组合作学习中，老师是引导者，小组成员可以积极展示自我，满足内在的学习需要，突出了学生的个体性需求，在小组合作、感知中达成小组目标，这也有利于教师减轻教学负担，可以更好地专注于学生成长和新课题的研究。

第三，增强学生的自信心，助力成长。小组合作学习由学生作为成员组成，没有教师的参与，正因为如此，小组成员可以畅所欲言，在一个愉快、轻松、平等的氛围里进行交流学习。在小组合作完成任务的过程中，每个小组成员不是各自为政，而是需要相互合作的，每个小组成员需要充分发挥自身的优势和特点为其他小组成员提供帮助，以此助力小组目标的达成，进而实现自己的目标。这个过程不仅可以锻炼小组成员的沟通表达能力，缓和焦虑情绪，而且在帮助他人的过程中增强自信，树立奉献、乐于助人、互帮互助的精神。

第四，充分发挥主观能动性，提高创新能力。“合作学习能促进学习者的学习成绩和自主学习能力的提高，在培养学习者运用学习策略和课外学习能力方面有效性较为显著。”① 小组合作学习使每个小组成员的智慧得到充分发挥，不仅有利于提高学生的创新能力，而且有利于学生在与小组成员的交流中完善自己的知识体系，更新认知。人只有在与他人的交流合作中才能碰撞出思维的火花，在小组合作学习中，每个小组成员都可以尽情地发表看法与意见，总会出现与学生本身的认知相冲突和矛盾的地方，在不断解决冲突和矛盾的过程中，学生不断受到启发，更新观念和认知，拓展知识与眼界，增强想象空间。只有发挥小组成员每个人的力量才能使小组达到预期目的，小组成员的看法可能是片面的、不完善的，在小组学习过程中就可以通过小组其他成员来进行完善，创造出集体智慧。因此，小组合作学习不仅可以发挥小组成员的积极性、主动性，而且还能提高小组成员的创新能力，让小组成员在合作中获得进步与发展。

第五，增强团队的合作意识。在小组合作学习中，小组成员不单单是个体而是小组这个整体中的个体，在小组合作的学习中，不仅是要求每个组员完成相应的教学任务，需要帮助小组其他成员完成教学任务，以促进小组任务的完成。在这种模式下，小组成员的学习热情高涨而且积极主动地帮助其他小组成员完成任务，增强了小组的凝聚力和向心力。每个小组成员的基础都是不同的，每个小组成员的擅长领域也是不一样的，这就需要基础较好的小组成员在完成自己任务后尽可能帮助其他小组成员完成任务，在这个过程中不仅树立了乐于助人、无私奉献的精神，而且还能加深对知识任务的理解，不断提高能力，促进自身成长。当小组成员真正融入小组中时，他们便是整体中的一部分，而不是个体，只有小组成员拧成一股绳，才能更加出色地完成教学小组任务，这个过程中，小组的合作意识、凝聚力意识、团队意识得到了发展，营造了良好的团队氛围。

## 四、大学英语合作学习的要点

第一，根据学生特质进行合理分组。合作学习强调的是组内异质性，组间同质性。组内异质性就是小组成员在年龄、性别、学习情况、学习风格、学习特质、性格特点等方面有差异性，而不是基本一致。组内异质性有利于不同特质的组员，在相互交流中学到其他知识和特质，提升自己的能力，有利于优势互补，相互借鉴、相互学习，更好地完成小组合作目标，达成个人成就。组间同质性是每个小组的整体水平是一致的，在参与积极性方面基本持平，组间同质的平衡使得小组间进行竞争具有公平性。

当然小组合作学习也需要考虑到教育教学的实际情况，为了使每个小组成员达到最好的学习效果，在进行分组的时候需要考虑到规模和小组数量，一般是四到六人为一组，每

① 刘爱军. 网络环境下大学英语合作学习模式的构建［J］. 中国电化教育，2011（6）：110.

个小组成员可以有充足的时间去交流学习，达到教学效果的最优。小组人数太多，每个组员的交流时间太短，不利于组员的英语学习，人数太少不利于组员的有效交流，达不到交流效果。因此，需要控制小组规模和数量。

第二，教师发挥有效的协调指导作用。小组合作学习不同于传统课堂中教师主体地位的教育模式，它注重学生的主体地位，教师只是教育教学活动中的引导者和咨询者，把控课堂的教学进程。需要老师在小组合作学习中小组成员有问题时，及时给予帮助和解答，在必要时给予肯定和鼓励。

教师需要转变之前传统的教育教学思维，在小组合作学习中，根据学生情况把握教学进度，把控教学方向，及时调整教学思路，为下一阶段的教育教学提供参考。教师要积极鼓励学生参与小组合作学习，对于成功给予肯定和表扬，对于失败给予信心和鼓励，使学生乐于学习，只有这样才能调动学生的积极性主动性，也能促进课堂高质量完成。

## 五、大学英语合作学习的实践

### （一）需要合理的分组

信息化时代大学英语合作学习的实施前提是对学生进行合理分组，具体应做到四方面：第一，教师必须决定小组规模，可根据学习活动的时间、学习材料的多少来决定小组规模；第二，最好将能力不同的学生分到一组，以保证各个小组的能力水平相当，并且能力不同的学生在一起可以促进学习；第三，将学习风格不同的学生放到一组，不同学习风格的学生在一起，也有助于学习效果的提升；第四，组员的选择应由教师来定，而不能自由选择，因为自由选择的小组会较多地做与学习无关的事情。

### （二）布置相应的任务

信息化时代大学英语小组合作的学习内容要有一定的可操作性，教师设置的问题要具有开放性和讨论性。在课前，教师应根据学习任务明确分组原则，对于小组内各成员的任务，以及小组完成任务的时间都应该做出明确的规定。教师是学生合作学习的引导者，教师为学生布置具有适当难度的任务，充分调动学生的积极性，为不同的学习小组布置相应的任务，使各小组之间互相学习、共同进步。

### （三）小组合作的过程

学生开始合作学习的同时，教师需要对整个过程进行监督管理。教师要观察学生的表现，且给予一定的提示，也可以用提问来检查学生的表现。教师在必要时应向学生提供帮助，解答学生的问题，提高学生学习的效率。对于学习中遇到的每个问题，组员应该先深入思考，然后再和其他组员讨论交流，教师应该尽量保证学生做到这一点。

### （四）学习效果的评价

教师在评价各学习小组的成果时，要注重评价整个小组的任务完成情况，而不是小组中某一个成员的成绩。同时，教师还要对小组成员参与的积极性、主动性和思维的独创性等各个方面给予恰当的评价，这样既可以在小组内为其他学生树立学习榜样，激发组内成员相互学习的热情，可以调动成员参与的积极性，打消个别学生的依赖性，最终实现教学目标。

## 第二节　大学英语教学方法——自主学习

近年来，自主学习成了英语教学的研究热点，培养学生的自主学习能力也成了英语教学的重要任务。在信息化时代下，大学英语自主学习方式可以不受时空限制，不断提升学生的积极性和主动性，有助于提高学生终身学习的实现。“自主学习是大学英语教改的重要内容，是传统教学模式的补充和拓展”①。信息技术的进步为大学英语教学实践提供了新的发展契机，“学生在网络环境下可以更加有效地开展英语自主学习活动，从而弥补课堂教学时间的不足，最大限度地提高英语语言水平”②。

横向层面的自主学习是从学习的各个维度和方面对自主学习进行综合界定。自主学习就是学生本人对学习的各个方面自觉地做出选择和控制，学生的学习具有充分性。具体而言，如果学生的学习动机是自驱动的，学习内容是自己进行选择的，学习策略也是自主进行调节的，学习时间是自我管理和计划的，学生就能主动地营造有利于学习的物质与社会条件，并且能够对学习结果进行评价和判断，其学习也就具有自主性。纵向层面的自主学习是基于学习的完整过程对自主学习实质进行的阐释。如果学生在学习活动前就能确定具体的学习目标，制订相应的学习计划，做好充分的准备，在具体的学习活动中，便能够很好地对其学习策略、学习方法等进行自我监控、自我调节和自我反馈，还能在学习活动后，对学习结果进行自我总结、自我检查、自我评价甚至自我补救等。这样，学生的学习

① 闫美荣. 大学英语自主学习语境创设［J］. 现代英语，2020（20）：121.

② 杜中全，云天英，王晓来. 论网络环境下的大学英语自主学习［J］. 中国电化教育，2012（6）：112.

就具有充分的自主性特点。

## 一、大学英语自主学习的特性

### （一）自主学习的独立性

独立性是信息化时代大学英语自主学习的基础和前提，是学生内在的本质特性，是每个学生普遍具有的，不仅经常地体现在学习活动的各个方面，而且贯穿于学习过程的始终。具体而言，自主学习的自立性体现为四方面：第一，每个学生都具有“天赋”的学习潜能和一定的独立能力，能够依靠自己解决学习过程中的“障碍”，从而获取知识；第二，每个学生都具有自我独立的心理认知系统，学习是其对外界刺激信息独立分析、思考的结果，具有自己的独特方式和特殊意义；第三，每个学生都是具有相对独立性的人，学习是学生自己的事、自己的行为，是任何人不能代替、不可替代的；第四，每个学生都具有求得自我独立的欲望，是其获得独立自主性的内在根据和动力。

### （二）自主学习的自律性

自律性就是学生对自己学习的自我约束性或规范性，它表现为自觉地学习。自觉性是学生的觉醒，是对自己的学习要求、目的、行为、意义的一种充分觉醒，它规范、约束自己的学习行为，促使自己的学习持之以恒，它在行为域中则表现为主动性和积极性。因此，自律学习也就是一种主动、积极的学习。主动性和积极性来自自觉性。只有自觉到自己学习的目标意义，才能使自己的学习处于主动、积极的状态；并且，只有主动积极地学习，才能充分激发自己的学习潜能和聪明才智，确保目标的实现。自律学习也能够体现学生清醒的责任感，它确保学生积极主动地探索、选择信息以及建构、创造知识。

### （三）自主学习的开放性

在信息化时代大学英语自主学习中，学生变为学习的中心，由知识的被动接受者变为积极主动的学生。自主学习模式中，教师通过自己的指导使学生能够对学习进行独立的探索，学生在这种模式中，按照自己的方式学习英语。由于这种角色的转变，学生学习的能动性逐渐增加，会自觉地在学习中体验运用英语知识、技能解决实际问题。

总而言之，从探索到选择到建构再到创造的过程，基本上映射了学生学习、掌握知识的一般过程，也大致反映出其成长的一般过程。在这个意义上而言，自主学习本质上就是学生自我生成、实现、发展知识的过程。

## 二、大学英语自主学习的实践

在信息化时代大学英语教学中，自主学习的实施需要注意以下方面：

### （一）提高自主学习的兴趣

兴趣是学习的内在推动力，设计能够激发学生兴趣的学习活动，对于培养学生的自主学习能力十分有利。在信息化时代的大学英语自主学习中，学生是学习活动的主体，是知识的主动构造者，学生的学习兴趣受到重视。为更好地激发学生自主学习的兴趣，教师需要做到三方面：第一，进行需求分析。教师先要对学生进行需求分析，根据不同学生的需求帮助他们确定学习目标并制订学习计划，为更好地适应学生的学习计划，教师还应该根据需要对自己的教学进行调整和改进；第二，尊重学生的个性差异。由于学生的个体差异性使得他们在学习水平、学习风格、学习方法等方面存在差异，教师要承认并尊重学生的这些差异，让学生自主选择学习内容，培养学生的自主学习能力；第三，仔细观察学生的反应，在自主学习过程中，教师要仔细观察学生学习目标的建立情况、自主学习的适应性及其在语言方面的进展情况等，了解学生一系列的反应，并根据学生的反应情况及时调整教学计划或提供帮助，及时解决问题。

### （二）培养自主学习的技能

学生进行自主学习是需要一定的技能的，教师在英语教学过程中要注意对学生自主学习技能的训练，要多与学生沟通，了解学生的需求，根据学生各自的特点，为学生制订切实可行的学习目标，帮助学生掌握自主学习的技能。在学生的自主学习过程中，教师的主要职责是指导和训练学生对学习策略的掌握和运用。例如，教师可以向学生介绍一些基本的阅读技巧，为学生推荐适当的阅读材料，指导学生坚持写读书笔记，通过这样的方式训练学生在阅读方面的自主学习技能。

# 第三节　大学英语教学方法——移动学习

“移动学习是近年来兴起的一种新型学习模式，它基于无线网络和移动终端，具有可携带性、无线性、移动性、便捷性等特点。”① 如今，信息技术的飞速发展以及移动终端

① 薛建强. 大学英语移动学习模式的构建与发展研究［J］. 实验技术与管理，2014（3）：176.

的普及，使移动互联网开始进入大众视野，并且成为影响人们生产生活的重要因素。学生学习方式因为移动互联网也发生了显著的变化，各种学习手机软件的出现提升了学生学习的效率。英语教学也应该引入移动互联网，从而提高英语教学质量与学生的学习效率。

## 一、大学英语移动学习的实施条件

信息化时代大学英语移动学习实施条件如下：

第一，大学英语移动学习具备了实施的物质基础。移动学习的物质前提已经具备，具体表现为三方面：①移动学习需要倚靠的外部硬件条件已经十分成熟。可以以手机为例，现在大学生拥有的手机都有着比较高的屏幕分辨率，学生可以清楚地看到教师讲解知识的画面；中央处理器（CPU）处理速度也已经非常快，如果学生对前面的知识并不太懂时，其就可以快速回到前面的视频中；内存也变得越来越大，这就让学生可以存储更多自己认为有用的知识。②移动互联网实现了快速发展，几乎人们走到哪里都有免费的移动热点，这种全覆盖的网络为学生进行移动学习提供了重要保障。尤其是现在，人类已经进入5G时代，信息下载速度有了显著的提升，学生可以更加高效地完成英语移动学习。③信息技术在英语教育中的应用已经常态化。教师从互联网上为学生下载英语学习资源，同时利用多媒体工具为学生讲解知识，或者直接进行直播授课。同时，社会为学生提供了大量的英语学习 APP，学生在课下也能完成英语学习，从而使其英语知识结构体系更加丰富。

第二，大学生具备接受移动学习的相关能力。传统英语课堂的时间毕竟有限，所以学生学习的知识也是有限的，且对知识的消化程度可能不高，这就要求学生可以利用课余时间开展自主学习，移动学习就是这样一种可以实现学生自主学习诉求的学习方式，同时，也能满足学生已经具备的接受移动学习的相关能力。

第三，英语学科及教学特征可以实施移动学习。作为一门语言，英语的主要属性就是交际工具，因此，在真实的场景中开展英语学习是非常有利于知识的吸收与应用的，支撑移动学习开展的移动设备没有时间、地点的限制，它具有可移动性，因此，学生拿着移动设备就能在任何地方实现英语学习。

总而言之，英语移动学习是必要的，而且也是可行的，它是对传统英语教学的有效补充。不仅能较大程度上提高英语教学的质量，而且还能转变学生的学习方式，提高其学习质量与效率。

## 二、大学英语移动学习的基本策略

信息化时代的大学英语移动学习的策略如下：

### （一）利用社群和网络进行学习

利用移动技术，学习者的学习行动将更加自由，他们不仅能控制自己学习的每一个环节，而且在制订学习目标、选择学习方式上也能对自己的学习情况有正确的认识，从而做出正确的决定。如果从社会认知的视野出发，可以看出，学习也是一种社会行为，学生在群体中的学习也有着各种互动与交际关系，这些关系与学习内容有着同样重要的地位。

学习社群并不是固定的，它是动态发展的，正是因为它的这一特性，才使其可以在多个层面上，全面推动学习者开展自己的学习活动，总结自己的学习经验。社群内部的每一位成员都可以将自己获得的学习经验在社群内部分享，这样的分享将会让每个成员都获得丰富的学习经验，从而使其可以在学习上少走弯路，提高学习的效率。在学生共同分享学习经验的社群中，每个人都是平等的，他们都是学习上的能手，他们看待问题的角度因为互联网而打开了，他们更加喜欢把问题放置在情境中去解决。社群内部的成员之间可以从别的成员那里获得优秀的学习经验，并对其学习活动进行模仿，这样学习者就会更加优化自己的学习活动。所以，英语移动学习的实现需要网络以及社群的帮助。

### （二）与其他教学工具结合作用

移动学习与计算机辅助学习有着显著的差别，就其功能而言，它并不具备与计算机一样强大的功能。通常情况下，移动设备的显示屏并不大，联网速度也不快，更重要的是，其处理信息的能力也比计算机弱很多，所以，任何一个移动平台的功能都无法与计算机相媲美。对移动学习做出精准的定位，不能将其单纯地看作是一种解决学习问题的工具或者方案，它应该是英语教学过程中教师所利用的工具的一部分，移动学习这个工具与其他教学工具一起共同作用促进英语教学目标的达成。

### （三）使学生成为知识的构建者

移动英语学习者应成为积极的、互动的知识构建者。学习者的角色定位问题困扰了人们很久，同时这也是移动学习需要解决的问题。移动学习被应用在英语学习中，能促进大学生英语知识结构体系的构建。学生没有必要在一致的时间内开展英语学习活动，这是因为移动学习可以让英语学习群体在不一致的时间相联系。在进行群体英语学习时，学生如果有疑问就可以向教师请教，同时，也可以与其他同伴一起探讨。并不是所有学生都能掌握所有所学的英语知识，他们总有自己喜欢的或者具有优势的部分，有些学生英语听力好，有些学生英语阅读好，这就让学生往往会根据自己的学习情况决定自己的信息传达内容。学生之间进行互动，可以让其进一步明确英语知识的学习不止一种思路，其他人的学习思路同样值得被尊重，同样值得学习。

总而言之，移动学习中的学习者应该是主动的知识构建者，他们主动与教师、学生互动，同时，教师在学生移动学习的过程中也要转变身份，应该成为学生学习活动的促进者，帮助他们完成有效的学习。

# 第四章　大学英语教学的多元化模式

## 第一节　大学英语分级教学模式

“大学英语实行分级教学模式也是教学改革的必然结果，对于提高大学英语教学质量和教学效果具有十分重要的积极意义”①。所谓分级教学模式，指以学习者的学习水平和学习潜能为标准，将学习者划分为不同层次，并在此基础上开展相应的教学活动。因此，分级教学模式体现出因材施教的教学理念，最终目的是让不同层次的学习者取得进步。

### 一、大学英语分级教学模式的理论基础

#### （一）监察理论

20 世纪 70 年代末，美国语言学家克拉申提出了监察理论，该理论被认为是二语习得研究中最全面的理论。监察理论认为，人的大脑有两个独立的语言系统，分别是有意识的监察系统和潜意识的系统。监察理论具有五个假说：习得—学习假说、监控假说、自然顺序假说、输入假说和情感过滤假说。

1. 监控假说

监控假说认为，人的大脑中有两个独立的语言系统：有意识的监控系统和潜意识的监控系统。监控系统是一种“意识到的语法”。在语言学习过程中，监控系统一旦发生作用，就会具有编辑控制的功能，它使语言使用者更加关注语言形式的运用而不是语言内容的表达。这一理论体现在语言习得与语言学得的内在关系上。根据此假说，正在学得或已经学得的规则在于对那些按习得的规则说出的话语进行监控和修正，学得的知识通过言语的监

① 李天一. 大学英语分级教学模式思考［J］. 中外企业家，2016（20）：170.

控起作用。监控作用的实现需要具备以下条件：

（1）要想有效地选择和运用语法规则，语言使用者必须要有足够的时间。

（2）语言使用者的注意力必须集中在所用语言的形式上，换言之，语言使用者必须考虑语言的正确性。

（3）语言使用者必须已经具有所学语言的语法概念及语言规则的知识。在日常生活交际中，如果语法规则不是通过习得获得的，人们往往倾向于关注交际的内容而不是形式，换言之，他们很有可能没有时间去细细推敲语法，因此这些语法规则可能在短时间内无法付诸实践。所以，在口语交际中，如果一方过多地使用语法监控，时刻注意自己口语中语法的准确性并对其中的错误加以纠正，就会使得自己的语言不流畅，进而使对方有结束这次交际的想法，因而达不到交流思想的目的。但在需要事先做好准备的正式发言和写作中，语法的使用能提高语言的准确性，进而为演讲或文章增添色彩。

以上三种不同的监控使用类型是有区别的：第一种是使用得比较成功的人。这类人在口语交际中常常发生错误，但经人指出后能够自己改正；然而在书面交际时，他们由于比较关注语言形式，很少会出现错误。第二种是使用过度的人。这类人掌握了较为全面和完善的语言规则体系，书面语一般都较准确，但是却缺乏口语交际的信心。第三种是使用不足的人。这类人在口语交际中常常出现错误，并且不能自己改正。

2. 输入假说

输入假说是克拉申二语习得理论的核心内容，即“可理解的语言输入”是语言习得的必要条件，输入材料本身和输入的方式会影响情感过滤的结果和输出的质量。在第二语言学习的过程中，需要让学习者理解的输入语言超过其现有的语言水平，语言习得才可能发生。学习者通过情境提示的帮助而去理解这些语言，产生语言的能力最终就自然而然地形成了，并不需要教师的传授。

理想的输入应该有四个特征：可理解性、既有趣又关联、非语法程序安排和足够的输入量。其中，需要特别加以说明的是，“既有趣又关联”是指输入的语言应当与学习者相关并且能让学习者感兴趣。这样，学习者就可以在不知不觉中很轻松地习得语言。“非语法程序安排”是说按语法程序安排的教学行为并不可取也没效果，足够的可理解的输入对于语言习得才是重要的。“足够的输入量”即给学习者提供足够多的语言材料。学习者自身创造性构建程序的操作也可能提供新的语言形式。创造性构建程序是学习者依据已习得的规则构建新的语言形式的程序。

例如，学习者在习得一般过去时的动词规则时，理解了动词原形+ed 的语言形式，如 worked，walked 等，这样动词原形+ed 的形式便可能成为下一步要习得的规则。如果学习者在输入中继续听到动词原形+ed 的形式，便可最终习得这种形式。此外，学习者还可以利用创造性构建程序，根据动词原形+ed 的形式创造出 knowed，maked，sweeped 等语言形式。由于此种语言形式不会被后来的输入证实为正确的，因此是过渡形式。这样，学习者后来会放弃它，不把它作为下一步要习得的规则。直至学习者在后来的输入中听到了 knew，made，swept 等形式，并注意到 knew，made，swept 与 knowed，maked 和 sweeped 之间的差异，这些不规则动词的形式才会被确定为下一步要习得的规则。

3. 习得—学习假说

习得—学习假说是这五种假说里面最基本的一种假说，该假说的核心在于对“习得”和“学得”的区分，以及对它们第二语言能力形成过程中所起作用的认识。根据“习得—学得”假说，成人习得第二语言能力主要通过两条不同的途径实现的。

（1）第一条途径是“语言习得”，也就是通过无意识地构建语言体系来获得语言能力。习得者主要关注语言所传递的信息，而不是将注意力放在语言形式上，进而通过目的语交流自然、无意识地提高语言能力。儿童学习母语的过程和这一过程非常相像。

（2）第二条途径是“语言学得”，也就是在理解教师所讲解的语言现象和语法规则基础上，进行有意识的练习、记忆等活动，进而掌握其语法概念、了解所学语言。

总而言之，习得是潜意识地形成语言能力，而学得是有意识地掌握语言结构。二语能力的发展只能是通过语言习得，而“学得”只能在语言运用中起监督检查作用，不能视为语言能力本身的一部分。“习得”是第一位的，“学得”是第二位的，但也并不排斥“学得”的作用。但是就当前的大学英语教学而言，学生的语言综合能力既有“习得”的结果，也有“学得”的结果。在二语学习过程中，二者是相互伴随的。

4. 情感过滤假说

情感过滤假说认为，大量适合输入的环境并不能保证学习者可以学好目的语，情感因素也会对第二语言习得的进程产生诸多影响。通过情感过滤，语言输入才有可能变成语言“吸入”。在语言进入到大脑的语言习得器官的过程中，输入的语言信息必须经过过滤这一道关卡。那也就意味着，情感因素在第二语言习得的过程中可以有着积极或消极的影响，也可以说是促进或阻碍。其中，有三个心理上的因素制约着习得者的语言学习速度和质量，习得者不是将他所听到的一切都全部吸收，具体如下：

（1）动力。学习者是否拥有明确的学习目的，这关系着他们的学习效果。学习者只有具备了明确的目的，他们才会获得较大的动力，进步也会比较快。

（2）性格。通常情况下，如果学习者拥有自信、外向的性格特征，并且愿意接受陌生的学习环境，他们就会较快地取得学习上的进步。

（3）情感状态。学习者是处于焦虑还是放松的精神状态，这会直接影响外界的语言输入。拥有放松的心情和舒适的感觉显然能使学习者在较短的时间内学得更好。由此可见，学习者的情感因素很大程度上决定着第二语言习得的成功与否。

5. 自然顺序假说

根据自然顺序假说的基本观点，学习者遵循一定顺序去习得语言结构知识，并且该顺序可以被预测。有些学习者总是对于某些语法结构掌握得较早，而对其他的语法结构则会掌握得较晚。不是每一个学习者都有完全相同的习得顺序，然而这种顺序可能具有某些类似的地方。当儿童和成人同时学习第二语言时，他们都是先了解现在时然后再学习过去时，先掌握名词复数然后再掌握名词所有格。如果将习得某种语言能力作为学习目标，教学大纲不一定要受这种顺序制约。“自然顺序假说”重新明确了第一语言和第二语言学习的关系。有时，第一语言通常被认为是学习第二语言的一大障碍，事实上并非如此。第二语言和第一语言可能有许多相同的规律，其语法顺序并不总是受第一语言干扰。中文和英文在语言功能上是相同的，在某些语言表达方式上也有共同之处。在课堂上教师有时需要借助母语以便使学生更快且准确地理解英语，但不是把语法结构进行简单排序。

## （二）迁移理论

迁移在心理学上是指旧知识、技能影响新知识学习的一种过程。按照产生的结果是积极还是消极，迁移可区分为正迁移和负迁移，前者是积极的，后者是消极的。语言迁移是指一种语言对另一种语言的学习所产生的影响。语言迁移是一个认知心理过程，受诸多因素影响。语言迁移包括母语对第二语言习得的影响和母语向第二语言的借用，母语对第二语言习得的影响为“基础迁移”，母语向第二语言的借用为“借用迁移”。成人在母语中的时间太长以至于形成了根深蒂固的母语习惯，这必定会影响第二语言的学习。语言迁移在多数时候研究的都是母语对外语学习或第二语言习得的影响，这时候的语言迁移一般指的是母语迁移。

第二语言学习中遇到的障碍来源于第一语言的定式，在第二语言习得过程中，与母语接近的地方较容易学习，与母语有区别的地方较难学习。当外语和母语的相似度比较大时，就容易引起正迁移。通过对比分析跨语言的差异，人们就可以确定第二语言习得的困难。实证研究发现，第二语言习得的困难不总是源于跨语言差异，而且母语在第二语言习得中的作用重新受到重视。

中国学生是先学习母语的，所以中国学生的英语学习会受到母语学习经验的影响。只有通过语言迁移这个关键问题，才能科学地解释中国学生英语学习的认知心理过程。研究语言迁移，有助于解释母语在外语学习过程中的作用和外语教学中应如何科学地运用母语等一系列外语教学的根本问题。有人错误地认为，汉语与英语在语言、文化方面的不同，导致汉语母语的负迁移作用大于正迁移作用，所以在课堂上尽量不用母语，从而避免母语干扰，少犯或者根本不犯语言错误，学到地道的外语。然而，儿童的母语学习建立在正常思维能力的基础上，儿童学习母语后，不可避免地会用母语来思维。

## 二、大学英语分级教学模式的基本原则

分级教学模式在具体实施中需要遵循一定原则，主要包括循序渐进原则和因材施教原则，具体内容如下：

第一，循序渐进原则。遵循循序渐进原则指教师在传授知识时既要尊重知识的内在规律，又要采取相应程度的学习者可以接受的教学形式。分级教学模式使教师得以在学习者英语知识体系的基础上进行教学，采取适合他们的教学方法，从而使学习者逐步提高语言技能。

第二，因材施教原则。所谓因材施教，指教师要从学习者的实际出发，有的放矢地进行教育。由于环境、教育、学习者本身的实践等方面，学习者之间必然存在一定的差异性。近年来，随着扩招政策的推进，越来越多的学习者得以接受高等教育，但不同学习者在英语水平方面的差异不容忽视。在这种情况下，如果不对差异性进行充分考虑就把英语水平悬殊的学习者安排在同一班级，容易造成教学资源的巨大浪费。分级教学模式承认学习者之间的个体差异，可以为学习者提供满足其自身需要的教学条件，从而取得理想的教学效果。

## 三、大学英语分级教学模式的实施方法

分级教学模式的实施可以从以下方面着手：

### （一）恰当合理进行分级

分级教学不要求全体学习者达到同一目标，而是按照不同的级别制订不同的教学目标。因此，进行合理、科学的分级是分级教学模式取得实效的前提，对此应采取科学的分级试题和分级标准。具体而言，应以《大学英语课程教学要求》中的各级词汇量为基础组织分级试题，同时应注意题目的层次性。分级标准则应对分级测试结果个人实际水平、个人意愿等因素进行综合考虑。在具体的教学实践中，将学习者分为A级与B级两个级别较为合理。此外，为缓解B级班学习者的心理压力，调动他们积极的学习情感，可利用星期

日的时间为他们补课。这样，B级班学习者可以尽快达到A级班学习者的水平，从而在同一起跑线上竞争。

### （二）提升分级的区分度

高考英语成绩与摸底考试成绩是很多院校进行分级的标准。但是，有一些学习者因为几分之差甚至一分之差而没能进入A级班，往往很难说明英语水平的高低。因此，为了提高分级的区分度与合理性，可在分级时听取学习者的意见，进行双向选择。学习者对自己的实际英语水平与兴趣有较好的把握，他们由被动接受转为主动选择，可以增强主体地位，提高他们在后续学习过程中的自觉性与积极性。

### （三）避免负面影响范围

任何事物都是优势与缺陷的集合体，分级教学模式也不例外。作为英语教学改革中的新生事物，分级教学模式不可避免地会带来负面影响，如操作过程较为复杂、考勤管理较为烦琐、学习者产生不良情绪、班级归属感降低等，这些问题如果不及时解决，会对分级教学模式的推进带来阻碍。对此，教育管理者需要制定相应的制度规范，并根据遇到的问题及时调整，从而将分级教学模式产生的不良影响控制在最小范围内，发挥其最大优势。

### （四）调整升降级的机制

实施升降级调整机制是对学习者的学习程度进行动态管理，使学习者的级别随学习的兴趣、成绩以及能力变化而变化。具体而言，B级班学习者取得的进步，达到A级班水平时，教师可将其升入A级班，以激励学习者取得更大的进步。A级班的学习者未能取得进步，且成绩滑落到B级班程度时，教师也可将其降入B级班，给予其适当压力。需要注意的是，进行升降级的调整应坚持选拔与自愿相结合的原则，且在一定范围内定期调整，不可过于频繁。

### （五）制定相关评价标准

在分级教学模式下，不同级别应采用不同难度的试卷，很容易造成一种不良现象，即英语水平高的学习者所取得的英语成绩可能低于部分水平低的学习者。因此，为提高评价的科学性可采取的方法包括：①采取总结性评价与形成性评价相结合的方式确定最终成绩，具体办法是在总评成绩中增加日常表现的比重；②根据各级别试卷的难度，设定一个科学系数，通过加权算法从宏观上调整两个级别的分数。

## 第二节 大学英语模块教学模式

随着英语教学改革的推进，英语教学系统发生重大改变。英语教学向着能力化、技能化、多样化、信息化的方向发展，英语模块教学模式是在这种转变中被提出来的，在一定程度上反映时代发展对大学英语教学的要求。所谓模块教学，指通过一个能力和素质的教育专题，在教法上强调知能一体，在学法上强调知行一致。模块教学模式主张提高学生的素质和具体技能，教学中通过集中开展理论技能、实践等活动实现教学目标。

模块教学模式是大学英语教学改革的重要组成部分，是一种系统性的教学模式，以大学英语教学为系统，将其分为知识、技能、拓展三大模块，并在不同的学期中进行有针对性的教学，从而提高学生的综合语言应用能力。大学英语模块教学能够丰富英语课程，实现课程的多样化。对学生而言，模块化的教学形式是通过丰富的课程，提高学生对英语学习的兴趣，调动学习的积极性。随着现代科学技术的发展，英语教学课程的固定化越来越难适应社会形势，采用模块教学，在一定程度上使英语教学贴近时代发展，增强人才培养的时代性。

如今，在时代多层次教学的要求下，大学英语课程很难通过一整套教学实现人才的全方位培养。英语模块教学模式主张在一定时期内对学生进行阶段性目标培养。这种观点正好迎合了教学要求。由于模块教学模式是对整个教学系统的管理，其在实施过程中需要教学工作者进行科学设计。下面以拓展模块为例，对模块教学模式进行分析。

拓展模块主要是对学生的能力进行拓展，因此，可以开展丰富多样的课程，具体包含以下方面：

第一，开设应用专业型英语后续课程，如时事新闻英语、商务英语、旅游英语、经济英语、法律英语、商务信函写作、实用英语写作等。

第二，开设实用技能型英语后续课程，包括日常口语提高、高级口语、听力提高、演讲、视听说、高级写作等。

第三，开设跨文化知识型英语后续课程，介绍西方各国文化、常识、思维方式、价值观、民俗、礼仪、历史、教育；对比传授中西文化、跨文化研究等。

第四，开设欣赏型课程，内容包括欣赏电影、音乐、神话、小说、诗歌、散文、演说等。

第五，开设综合考试型课程，包括继续通用英语的深入学习、考研英语、雅思等各类出国考试的培训。

总而言之，依据学生和社会需求，以语言实践为目的，能够提高学生的实际应用英语能力、语言能力和文化修养、专业信息获取能力、语言表达能力，从而适应社会需求。这样的拓展模块设计，细化学生对大学英语教学的需求，在整体上建立和完善与传统大学英语教学体系完全不同的大学英语拓展模块体系。

## 第三节　大学英语个性化教学模式

在大学英语教学中，提倡个性化教学就是要教师首先以自身个性为基础去教，和学生以个性为基础的学的双边统一活动。在英语教学中，个性化教学就是教师必须充分尊重并且发挥学生的学习积极性，要重视保证学生个性和谐发展，并通过教学引导学生明白自我求知的重要性，达到个人全面发展的目的。同时这样引导培养学生学会主动获取信息并独立思考的能力，促进知识、能力和人格的协调发展。

大学英语个性化教学工作，就是要求教师无论是在教室里，还是在一切可以进行教育的时空里，使学生在遵守普遍性原则的前提下，尽可能尊重每一个学生的个人价值，最大限度地挖掘其潜力，能真正有效地让学生按照自己的思想和行为能够用英语进行交流。这种教学方式不仅提高学生的学习效率和接受新知识的速度，挖掘学生的发展潜力，还可以培养学生的独立思考和创新能力，从而提高其综合素质。

### 一、个性化教学模式的分析

#### （一）国外的个性化教学模式分析

1. 四分法

从教学过程的进展出发，个性化教学有四种模式，具体内容如下：

（1）随机模式。根据学生能力、经验等心理特征决定每个学生的学习起点，但是教学过程和教材不必具有序列性，在前一阶段未达到目标的情况下，可以超前学习新的单元，但最终均达到同一目标。

（2）多元模式。根据不同学生的个别差异来决定学生的学习起点和最佳学习途径，教学实现同一教学目标。

（3）阶层模式。根据学生过去的学习经验、能力及其心理特征来决定学生的学习起点，保持学习过程的循序渐进。在重新学习新课题或单元之前，每个学生必须达到教学目标，且目标一致。

（4）多元多价模式。起点与途径是多元的，不要求人人达到同一教学目标。

2. 五分法

从学生学习的主动性、个别差异、学习策略以及技术运用的维度，个性化教学可以分为以下类型：

（1）适应性教学，依据学生的个别差异，充分发展每个学生的个性。

（2）策略教学，强调学生学会学习。

（3）计算机化教学，强调当代教学技术的使用。

（4）掌握教学，依据布卢姆的掌握学习原理，强调学生知识的掌握。

（5）自主学习，强调学生学习的独立自主性。

### （二）国内的个性化教学模式分析

从教学模式服务于教学目标的立场出发，可以把个性化教学模式分为五大类型。

1. 掌握学习

所谓掌握学习，就是要求任何教师既能帮助“慢生”又能帮助“快生”很好地学习，使他们获得各方面的发展。掌握学习是一套有效的个别化教学实践，采用个别的、小组与集体相结合的形式进行，由教师与学生共同掌握教学的进度。

（1）基本原理。儿童要认识世界和认识自己，就必须借助前人积累的知识。个人对于诸多有助于实现其目标的力量往往处于必然的无知状态，这种状况就要求教育必须借助人类文明中所积累的知识，实现儿童“从无知向有知”的转化。

在知识同化的过程中，学生利用其自身原有的观念吸收、消化新的知识，使新知识成为自身原有知识的一部分，使原有的知识观念得到发展。尽管儿童不断获得和掌握知识，并为此感到自豪，但是儿童知识的增长并不意味着儿童无知的范围在逐渐缩小，因为伴随知识的增长，儿童的认识范围也在不断扩大。由于我们关于世界和自己的知识的增长会恒久地向我们展现新的无知领域，所以我们依据这种知识而建构起来的文明也会日益复杂，而这就对我们在知识上理解和领悟周围世界造成新的障碍。

知识的分工特性会扩大个人的必然无知范围，也使个人对这种知识中的大部分知识必然处于无知状态。因此，无须使学生尽可能多地掌握知识，也不可能实现这个目标。尽管掌握教学旨在使学生获得和掌握知识，但掌握知识不是教育的最终目标，掌握知识的目的是提高自我的自觉性。

（2）产生的基础。了解影响学习的变量是掌握学习的重要环节。

第一，学习毅力，是指学生愿意花在学习上的时间量，很大程度上受学习动机的制约。

第二，学习机会，学习者在学习中具有的服务于学习的各种环境的综合。根据学校时间表，允许学生学习的机会或时间量并没有根据学生的能力倾向来安排。

第三，能力倾向，学习者学习时所表现的能力偏向性。在最理想的学习条件下，能力倾向变量决定学生学习给定教学任务所需的时间量。

第四，理解能力，学习者对教学的把握能力。在某种程度上，学生缺乏理解教学的能力，就需要增加学习时间。

第五，教学质量，教学活动所实现的整体教学目标的程度。教学质量提高，学生所需的学习时间减少；教学质量下降，学生所需的学习时间增加。

（3）影响学习的因素。为了实现所有学生掌握学习的教学目标，“适当的学习条件”可以具体化为影响学习的三个变量，即先决认知行为、先决情感特点和教学质量。

第一，先决认知行为。先决认知行为，是指学习者掌握了多少基础知识，以及学习者的能力倾向等。它是学习的前提。先决认知行为在学生的学习中起50%的作用，缺乏这种前提特征的教学就没有支撑点。对于每个学习者来说，其先决认知行为总是在不断积累的。这样，教师在进行教学活动时，第一步就是要在进行知识的教学之前，先诊断学生原有的知识水平，然后才能“对症下药”，提供适应学生学习的学习任务。但是，教师在诊断学生的先决认知行为时，有三种不同情况：①在连续的学习任务中，对学生的先决认知行为的诊断相对容易。因为在按顺序排列的连续的学习任务中，每个学习任务中都包含了以后的学习任务所需的先决认知行为；②在一门课程的学习开始时，对先决认知行为的诊断有些困难。因为往往教材的编写更多的是考虑知识的逻辑顺序，而很少考虑学习者的心理逻辑；③学习者的已有知识并不可能都成为其后继学习的先决认知行为。一项学习任务一般又可以分解为几个小的学习单位，从知识的逻辑关系与学习者的学习心理出发，小的学习单位是按照先后次序安排的，前一个学习单位是后一个学习单位的必要学习。

第二，先决情感特点。所谓先决情感特点，指的是学习者对所学课程所持的情意、态度、兴趣、信心等非智力因素的总和。不同的学生对其所学习的科目有不同的态度与偏好，同一个学生对不同的学习科目也有不同的态度与兴趣。这种先决情感特点对于学生的学习成绩有着决定性的影响。这种先决情感特点在学生的学习中起25%的影响力。那些带着兴趣与热情去学习的学生，其学习效果自然比那些对学习毫无兴趣的学生的学习效果更好。而这种情感组合的影响力既与学生以前的经历相关，又与他对某一学科的先前学习有关。只要在教学过程中使学生始终感到自己有学习的能力，能够体验到学习的成就感，那么他就具有后继学习的情感基础。

第三，教学质量。教学质量，是指对学习任务各要素的表达、解释和顺序安排是否适合学习者的学习程度。教学质量对学习者的影响力主要取决于教师的素质。一个高素质的教师往往在学科知识、教学技能和教学态度方面具有自己的独特性。一个有经验的教师对学生所学的知识只给一些提示，保证学生积极地专心于学习过程，并给予适当的强化。提高教学质量，可以克服学生先决认知行为上的不足。此外，运用反馈与矫正的方法，可以克服学生在学习过程中的消极情绪。对于那些学习能力较弱的学生来说，教师的教学态度尤为重要。

第四，基本步骤。掌握教学模式是围绕单元教学展开的。在教学之初，先对学生的先决认知行为、先决情感特点进行诊断，然后施以与学生特点相一致的学习单元。当学生掌握了学习单元的任务后，教师可以根据学生的学习情况设计新的学习单元。当学生未达到教学要求时，教师需通过补救或矫正的方式，使学生达到掌握学习的目的。这样，掌握教学形成一个依次递进的单元教学系列。根据掌握教学过程的特征，便可以对掌握教学进行设计，其中主要是考虑教学的基本步骤。

2. 策略教学

策略教学是指以系统培养学习者的学习策略为核心的教学模式，这种模式通过学习者学会学习而达到自己独立自主学习的效果。策略教学的思想最早可以追溯到我国古代的“授人以鱼，不如授人以渔”的思想。策略教学的主旨就是有助于学生自主学习、信息加工与处理、问题解决。策略教学的原则如下：

（1）学习是一种分析学习任务和为特定情境设计恰当策略的问题解决的形式。

（2）学习策略首先指个人用来成就教学目标的计划，而教学计划都具有学生自己的个人风格。

（3）为有效学习，学习策略要求有具体的学习技能或技巧，如浏览、篇章结构的修正、记忆术等。

（4）在大多数学习情境中，学习策略一般侧重于为创造性学习目标而非为知识性目标服务。

3. 创造思考

（1）基本原理。创造思考教学以培养学生的创造力，养成学生的创造精神，形成学生独立思考的行为习惯为基本目标。创造思考教学的使命就是“化知识为智慧”。从教育的立场看，智慧是人类的一种综合素质，包括智力、思考力、创造力以及相应的创造精神品质等要素。其中，创造力是个体解决问题能力的最高表现，同样也是人类及个体智慧的最高表现。随着学习化社会的到来，知识的创造成为社会的中心，创造性的培养也成为世界各国教育教学关注的重心。这就要求我们更新教育教学观念，实施与发展人的创造性相一致的教育教学，使学生在掌握知识的基础上，“化知识为智慧”，成为具有创造性的人。

第一，在掌握知识的基础上开发智力。创造活动既可以是真创造，也可以是类创造。创造思考教学要实现学生的“转识成智”，首先必须立基于社会实践的历史进化和个体发育的自然过程。社会实践的历史进化的结果形成了人类的知识，学生借助人类诸形态的知识概念从无知走向有知，进而起到开启智力的作用。要有高创造性就必须具有高于一般的智力水平。智力的开发是基于个体生长发育特征的。人脑有 150 亿~1000 亿个神经细胞，而当前人类开发的大脑智力只占其中的 10%。因此，根据大脑潜能的功能定位以及知识的类型，如何充分开发学生大脑的整体潜能，是创造思考教学的首要环节和目标。

第二，在开发智力的基础上发展思考力。从静态的角度来说，发展思考力就是发展学生的思维路径和思维方式。一个具有创造性的学生，必须具有多元的、综合的思维方式。心理学家吉尔福特将思考的运用分为收敛性思考和发散性思考。收敛性思考是指个体根据信息知识寻求结果的认知加工方式。发散性思考是指根据已有的信息知识生成新的信息知识的认知加工方式。现代认知心理学认为，决定一个人创造力的关键要素是发散性思考的能力。从动态的角度来说，发展学生的思考力，是一个“一致而百虑，同归而殊途”的过程。任何人的思维过程都是一个从抽象到具体的矛盾运动，是从发现问题、提出问题开始，经过分析而又综合，达到解决问题的过程。

第三，在发展思考力的基础上培养创造力。培养人的创造力，首先要培养人在智力方面的创造性品质。首先是流畅性，是指个体在一定时间内能够得出许多解决方案的能力。其次是敏感性，指对问题的洞察力。再者就是灵活性，面对一个问题可以改变思维方式。最后是周密性，是指不仅能够把握全局，而且可以预测未来趋势。另外，还要培养与创造力有关的情感、品德、个性等方面的特质。一是好奇心。具有创造性的人往往具有较大的好奇心，并且对理论观念和符号转化的兴趣大于实际而具体的事物。二是勇于探索，敢于挑战新问题和复杂问题。三是自主意识强，具有创造性的人往往从众性低，喜欢独立判断，并且敢于对教师和长辈的观点提出异议。另外就是开放的思维和心胸，善于广泛听取他人意见，善于吸取经验教训，并及时调整思路。最后是细腻的感情和丰富的想象力。一个富于创造性的人，往往表现出丰富的想象力，而这种丰富的想象力又是与其细腻的情感一致的。

（2）基本原则。

第一，面向全体学生。每个人存在于世，要获得劳作的创造性，就必须受到教育法律的平等保护。创造力再也不必假设为仅限于少数天才，它潜在地分布在人群中。就潜力而言，每一个新生婴儿都是未知量，因为在婴儿身上存在着无数未知的具有相互关系的基因和基因组合，而正是这些基因和基因组合促成了他的构造及品行。每个新生儿都有可能成为迄今为止最伟大的人物之一。因此，任何以歧视性强制措施实施的“天才教育”或“精英教育”，都是与真正的创造性教育背道而驰的。

第二，尊重个性。创造性的特质之一是原创性或独创性。因此，开发与培养个体的个性非常重要。在创造思考教学中，应该做到：①尊重学生的个别差异。不同的学生有不同的爱好、想法，不能以一致的标准和答案强求学生，应依据学生的个别差异作灵活的要求，在其独特的潜能领域进行深入指导。②鼓励学生表达不同的意见和想法。教师首先必须肯定学生敢于表达不同意见和想法的精神，并且引导学生充分表现自己的独特见解，激活学生的思维。③宽容学生的错误与失败。科学技术的发明和发现是在不断“尝试错误”的过程中进行的。面对学生的错误与失败，教师应有一颗宽容之心，在肯定其创造性精神的基础上，引导学生认识错误及失败的原因，并鼓励学生继续探索。④营造师生互尊、同学互爱的宽松自由的创造性氛围。在教学中，鼓励学生参与、共同讨论、争辩，形成良好的独立思考、自由表达的教学氛围。

第三，结合学科特点。许多国家为了强调培养学生的创造性而开发了专门的创造性思维课程，但是脱离学科而进行一般的创造性培养的效果并不理想。真正有效的方法是基于学科教学进行创造性的培养。结合学科教学进行创造性的培养又可分为两种方式：一种为分科式，即在分科教学过程中，根据不同学科的特点培养学生在该学科领域的创造性；另一种为综合式，即打破学科界限，通过不同学科的有机结合进行创造性的培养。

第四，在实践中学。培养创造性必须与社会实际生活相联系。相应地，教育也必须最大限度地为学生提供发挥其创造性的机会和动因。在教育中，我们可以采用多样化的方式使学生的学习与运用结合起来，以利于学生创造性的培养。例如，鼓励学生发表自己的习作，并为学生提供在报刊发表的机会；鼓励学生根据社会的实际问题进行创造性的探索，寻求解决的方案；鼓励学生参与企业的实践，在实践中培养解决实际问题的能力。“转识成智”的关键就是“化理论为方法”，即在观察、实验、劳作中运用所学的关于世界万物的理论、观点，将其还治于自然万物。

（3）基本步骤。

第一，提问。要使学生的学习成为有意义的学习，成为学生主动建构知识的过程，就需要在学中问。解决问题与创造活动的第一步就是产生疑问。因此，教师在创造思考教学中，首先必须为问题而教，为使学生能够解决问题而提出问题。

第二，思考。学与思是相互依存、辩证统一、相互转化的。要实现认识过程的转识成智，就必须实现主观与客观的统一。因此，教师在创造思考教学中激发学生的思考和想象，就是要激活学生长时记忆中与问题相关联的观念，使其进入工作记忆之中，使学生处于思考状态。

第三，劳作。创造活动必须通过具体的行为表现出来。创造性的培养也必须借助各种形式的劳作，在实践中寻求答案。教师的工作重心是创设劳作的机会、活动的情节、行动的情境。

第四，评价。评价不是为了确定学生创造性水平的高低，而是为了鼓励学生继续探索问题，解决问题，使学生在探究问题的过程中提高自己的创造性。基于这样的精神，教师在评价中应遵循“暂缓批评”的原则，即对学生在探究过程中、在创造性学习过程中出现的错误与失败，暂时不予批评，在充分肯定学生成绩的基础上，分析学生出现的错误，使学生能发现自己的问题，并及时修正错误。

4. 情意教学

（1）基本原理。情意教学是德行本位的教育。“全人格”的教育还必须实现人的从智慧到德行的转化，情意教学就是实现这种转化的中间环节。

如果实现“转识成智”的目的是使每一个人具有最大限度的创造性。那么，实现“化智为德”则是对这种创造性进行价值判断。一个人有能力创造出这种或那种产品，并不意味着产品就符合、满足人们的需要。要使一种产品满足人们的需要，就必须使人们觉得它可用、可爱。但是，这种评价要运用人类的理智和理性对此进行约束。人类及个人的价值具有两重性：一方面由于其增进人类利益的目的而有功利性，因而具有工具的意义；另一方面，它是人的本质力量的显现，人在其中能获得精神的满足，因而具有内在价值。人类对物质和精神产品的评价，是以一定的理想作标准进行权衡和选择，从而使理想转化为现实。

人是通过与环境的交互作用，本质力量的对象化，促使能力、德行发展起来。精神主体所具有的知、意、情等力量，是在其固有的自然禀赋的基础上，主要通过教育和实践培养锻炼出来的。人类的进步和自由，不仅仅是物质的繁荣，更表现为人类在精神方面的本质力量（知、意、情等）的不断发展和完善。情意教学就是为了最充分地发展人的本质力量，它是培养具有自由德行的主体的“全人格”教育的重要环节。

一般而言，情意教学就是把情绪提升为情感情操，把人的自然属性提升为人性灵性，把人的野性转化为意志品德，从而形成符合人类理想的价值观、世界观、人生观，并使理想转化为现实的主体的精神、信念的过程。因此，教育的使命是教学生懂得人类的复杂性和多样性，人类的共性与相互依存的状况。教育的一个特定目的就是要培养学生感情方面的品质，特别是在人和人的关系中的感情品质。系统的培养有助于人们学会彼此如何交往，如何在共同的任务中彼此合作。此外，个人表现的另一个重要方面是美感活动。对美好生活的追求，使“人诗意地居住在大地上”，是人和谐地生活在世界上的理想境界。为实现健全的人格，情意教学建构道德主体必须从四个维度考虑。

第一，发展性建构。发展性建构是把学生视为一个“人性本善”的人，通过运用合乎人类理想的道德规范，使一个具有天资禀赋的儿童成长为符合人类道德理想的主体。

第二，预防性建构。在社会的感性实践过程中，他可能会在道德行为、价值观上发生背离人类道德理想的偏差，因此情意教学必须在教学中进行价值是非的澄清，预防儿童可能出现的情意发展的偏差。

第三，辅助性建构。在某种意义上，教育更多的是在辅助和帮助个人，使之成为具有人性的人。在儿童的发展中，教育教学与感性的劳动实践是相辅相成、共同作用的。

第四，矫治性建构。就像主体的生物学形态一样，每一个人在从生到死的过程中，都会发生“病变”，人的精神形态同样会发生“病变”。个体对外界人和事不恰当的知觉会导致社会适应不良，教育教学通过提供恰当的引导，纠正不当的思维方式和价值观，使个体摆脱社会不适应的困境。

（2）基本原则。

第一，在感受中得到体验。感受性是人的德行之端，是人的情绪情感提升的起点，是引发价值的出发点。

第二，在直接经验中获得了解。人必须对人类的各种动机、期望和人生的苦痛有直接的了解，才能与别人和社会建立合适的关系。因此，情意教学要为学生提供接触社会、接触世界的机会，通过获取直接经验来明白是是非非。

第三，在艺术欣赏中得到熏陶。个体通过感觉、知觉、领悟而达到对艺术作品的欣赏，在欣赏过程中潜移默化地把艺术作品中充满感情的生动形象的理想，内化成为自我的、现实的美感和内在的精神素养。

第四，在文化理解中得到涵养。人类要学会“共同生活”，就要了解彼此的文化，实现人类的相互理解和共同生活。

第五，在社会实践中达到升华。人生的过程是不断实践的过程，要实现理想与现实的统一，桥梁是劳动或感性实践。在实践中，人可能会迷失方向、犯错误，会陷入自私、傲慢等异化状态，而将实践与教育相结合是克服这种异化的有效途径。

5. 民主教学

（1）基本原理。民主教学是集知识的掌握、创造性的培养和德行的养成于一体的一种综合的教学模式。教育是生活的过程，而学校是社会生活的一种形式。教育上许多方面的失败，是由于它忽视了把学校作为社会生活的一种形式这个基本原则。儿童被当作灌输的对象而在严格的控制和服从下接受知识，教学显得非常有序但缺乏自由。

民主教学就是以民主原则创设自由有序的教学情境。这种情境是简化的民主社会的生活情境。民主教学把学生视为教学的主体，通过鼓励学生积极参与教学生活，在动态的课程生成的过程中，让学生学会如何民主地生活。民主教学是教育儿童学会民主生活，培养民主社会之未来公民的一种最为有效的方式。让教育的民主化从真正的民主行动开始，让尽可能多的人民帮助重建创造教育。

第一，责任。在教师友好而真诚的引导下，学生在学习过程中学会自我负责。责任是民主社会每个成员必须具备的基本素质。但是，责任必须在民主原则指导下的自由活动中，由学生自我探索而养成。

第二，尊重。尊重包括师生之间、同伴之间以及学校以外的更广泛的社会成员之间的互尊互爱。在民主社会中，社会成员之间的互尊互爱是人类自由的基本内涵之一。在民主教学中，一方面，教师把施加给学生的强制减到最小限度，教师的任务仅仅是依据其较多的经验和较成熟的学识来决定怎样使儿童得到生活的训练，而不是通过强制的方式对儿童进行控制和灌输；另一方面，学生之间同样在共同的学习生活中建立一种相互尊重、互不干扰的学习秩序。

第三，智谋。智谋指学生在教师引导下，自主探索知识，学会如何学习、劳作、生活。在民主教学中，学生是学习的主动建构者，是意义的主动探索者，学生的学习是集知识、智谋、情意为一体的有机综合的自由活动。

第四，敏感性。敏感性指学生对家庭、社区、国家和世界的实际社会生活的快捷的反应力。学生获得信息而生成更多的信息，运用自己的本质力量做出具有鉴赏力的判断，提出建设性的意见，创造出富有个性的物质和精神产品。

（2）基本原则。民主教学旨在通过最大限度地唤起学生本能中的学习驱动力，使学生积极主动地参与学习，不采用惩罚、竞争、强制等外在力量来控制学生学习。民主社会或民主教学之“民主”，只是社会生活的一种规范、一种手段，而不是目的。民主是个人自由的重要保障，而自由又孕育勇气和勤奋。简言之，民主教学更能产生自由。没有强制的教学情境的自由状态对学生个人潜力的发挥是最有助益的，这种助益在于每一个学生都有机会参与活动、参与生活，在与外界交互作用的过程中，在积极主动的探索中渐渐地向教育所期望的方向发展。民主气氛所营造的作用状态并不是学习的放任自流，人类的任何社会生活都存在一定的制约力，即生活规则。同样，学习过程也存在一定的制约规范。它要在遵守教学规则的过程中学会共同管理和自我管理。根据人类行为的自然后果的逻辑，民主教学界定了其活动的三大教学规则：①不做任何有危险的或有害的事情；②始终处于一种安全的管理状态或日常规范中；③一旦教师发出危险信号，学生立即离开教室或学习场所。

(3) 基本课程。民主教学的课程是一种简化的社会生活情境。民主教学的课程可以分为下述三大板块：

第一，学术性课程。在民主教学中，学术性课程占据学习时间的50%；以更为广泛、综合的方式呈现。学术性课程主要形成学生的知识素养，实现学生从无知向有知的转化，以学科的逻辑进行划分和实施，但强调课程的广域性和综合性，这是为了使学生对知识有更为整体的把握。

第二，创造性课程。创造性课程以主题为单元，涉及自然环境、人际关系和人类理解、艺术欣赏、雕刻绘画、历史地理、计算机信息技术、烹调、服装设计、舞蹈、战争与和平等广泛的创造性学习活动，要求学生积极主动地学习和发现，突出创造性探索与时代问题的紧密关系，以此培养学生解决实际问题的能力。

第三，活动课程。活动课程以活动为单元，强调活动中学生自我个性的发挥和集体合作精神的培养，致力于学生社会化的过程，包括生活技能的培训、健康维护、人际关系、体育锻炼、游戏与娱乐、家庭活动、联谊活动、课外活动等。

## 二、大学英语个性化教学模式的目标

“个性化教学是教师以自身个性为基础的教和学生以个性为基础的学的双边统一活动，其充分尊重和发挥学生的学习积极性，重视学生个性的和谐发展，并通过教学唤起学生的求知欲和对个人全面发展的追求”①。同时，引导学生独立思考，主动获取信息，实现知识、能力和人格的协同发展。英语教学是一种语言文化的素质教育，目的在于培养学生用英语进行信息沟通的交际能力。而学生的知识结构、兴趣爱好、学习能力以及性格等方面都不尽相同，因此在教学过程中应该坚持以学生的个性作为出发点，努力培养学生学习英

① 马琴. 大学英语个性化教学研究［D］. 重庆：西南大学，2017：40.

语的热情，进而逐步达到教学的目的。大学英语个性化教学强调教师和学生在教学活动中平等的主体地位，通过师生间和学生间的互动交流，实现学生心理逻辑和知识逻辑的和谐统一，从而构建一个英语学习的螺旋上升的发展过程。

## 三、大学英语个性化教学模式的特性

在教学过程中，教师可以采用不同的教学策略和手段，引导和启发学生进行自主的英语学习，让学生在不断的探索和体验中逐步提高英语技能。大学英语个性化教学主要具备以下特性：

### （一）个别性

在大学英语个性化教学过程中，常常要根据学生的个性化需求进行个别化的指导和帮助，而且对个别学生展开具有针对性的指导也是整体提高教学质量的重要表现，其本身也是反映大学英语教学在满足学生个性化需求方面的基本事实。当然，大学英语个性化教学的个别性特点，是当学生有个性化需求时，应该对其进行单独指导和帮助，否则难以真正解决该学生学习英语的价值和意义。大学英语教师在准备教学内容和组织课堂教学时，应该充分发挥其教育教学机制，善于通过教学诊断发现学生的个性化需求，从而进行有针对性的教学。

### （二）多样性

个性化教学不是指个别或者个体的教学，也不是否定大班集体教学，而是指关注每个学生的需求和学习特点，通过多样性的教学方法，挖掘和调动学生的学习动机，实现学生有效的学习效果，促进学生的发展。因此，大学英语个性化教学是根据学生的个性特点、兴趣和学习需求为依据而设计多样化的教学活动。大学英语个性化教学的多样性主要体现在以下方面：

第一，“教和学”的多样性。具体而言，大学英语个性化教学应在教学目标、教学设计、教学方法、教学评价等方面按照学生个性特征和学习习惯以及学习需求进行个性化的多样化设计。

第二，培养大学生的英语技能的多元性。大学英语不仅要求学生简单掌握一些英语知识，更要培养大学生的跨文化的英语交际能力，如听、说、读、写、译等方面的能力。其中，需要注意的是每个大学生在诸方面能力的发展不是均等的，而是由于学生个体的兴趣和追求不同而有所侧重。因此，从个性化教学角度来看，大学英语教学过程中理应把培养大学生诸多能力和侧重发展学生的个性特长有机统一起来。

### （三）针对性

关于大学英语个性化教学的针对性，可从以下五个方面进行探讨：

第一，大学英语个性化教学的针对性源于受教育者的差异性。针对性是指教学内容和教学手段要和教育对象特征以及需求相吻合，对他们而言是能够接受的，能够践行的手段。根据学生的学习起点的不同，智力水平的不同和需求不同，走进学生内心深处，体现教师对所有学生的平等重视，刺激学生运用英语和外教以及外国人展开沟通互动的兴致和活力。

第二，大学英语个性化教学的针对性要求教师根据不同的文化背景、个性特征，灵活运用适合学生个性的教学方法。教学的内容、教学和学法、评价的方式都要根据不同的学生展开挑选，需要参照学生学习的基础以及学习的能力，把学生划分成多元层面，层面不同，设计的教学目标以及教学活动等也存在一定的偏差，细致地划分教学活动的所有流程，促使不同层面的学生都可以融入到教学活动当中。

第三，大学英语个性化教学的针对性还要求根据不同学习风格学生的特点进行施教。学习风格理论有助于教师深入了解学生的个别差异，并根据此制定个性化教学的策略，以促进学生的有效学习。一方面，要为学生提供与他们的学习偏爱方式相一致的匹配举措，除此之外，还要掌握学习风格的缺陷以及不足，制订合理的规划、举措来应对。只有这样，才能真正做到因材施教，切实提高教学效率。所以，在大学英语个性化教学实践过程中，教师要充分掌握学生总体的学习风格，有助于合理地挑选教学手段和举措，充分激发所有学生学习的热情和活力。除此之外，教师还需要协助学生剖析自身的风格特征，促使他们利用自己的长处来开拓学习方式和手段，有助于合理地挑选学习举措，补充以往风格存在的缺陷。

第四，大学英语个性化教学的针对性有别于传统意义上的因材施教。因材施教针对的是个体，针对性面向全体学生，但是关注学生的不同需求和风格。大学英语个性化教学的针对性是传统的结合教材进行教育在现如今的教育环境基础上的进步，指引大学英语个性化教学理论和实践活动，具有重要意义。在大学英语个性化教学实践中，针对性特征既关注个体学生的差异性，又指向全体学生的不同需求。

第五，大学英语有针对的个性化教学还表征着教学中除了英语文化本身的因素外，还应兼顾不同专业的学科特点。不同专业的学生在学习大学英语这门课程时的需求是有差异的。这就要求大学英语必须针对各专业的特点进行有针对性的教学。

### （四）差异性

差异性是个性化教学的重要特征之一。不同学生之间的差别主要从智力以及心灵和性格以及兴致和能力等层面体现。不同学生由于智力的偏差而存在区别，就算是智力相同，他们的分数框架也会有所差别。不同个体在一般能力方面，如注意力以及记忆能力和体会以及想象等能力等，对比那些特殊才能，如文学以及艺术和科学等存在一定偏差。学习兴致的差异造成的结果也存在偏差，心理区别也会导致评判的差异。不同学生的个性差别最为显著的就是性格方面的区别，我们可以结合实际态度以及活动的意志等层面加以判定。所以，不同学生本身就存在很大的偏差，我们不能忽略他们在智力方面的区别，也不能假定他们的智力是相同的，但是我们可以尽可能激发每个学生发挥自己潜在的智力。在教学实践中，根据不同学生的智力特点施教，使教学形成差异。个性化教学应该是理解差异，形成差异和解决差异的教学。鉴于对学生个性差异的认识，大学英语个性化教学的差异性主要表现为以下方面：

第一，大学英语个性化教学的对象具有差异性。根据苏联教育家维果茨基的最近发展区理论，在教学过程中，儿童存在两种发展水平：一种是现有的发展水平；另一种是潜在的发展水平。这两种水平之间的差距即最近发展区。于大学生而言，由于各自的英语基础不同以及对学习英语的期望不同，决定了每个学生的最近发展区水平也不同。例如，有些学生擅长英语阅读、有些学生擅长英语写作，也有些学生擅长其他方面的英语技能等。因而，为适应学生个体差异设计教学任务就是体现个性化教学的差异性特征之处。

第二，大学英语个性化教学所涉及的学生专业方向存在差异。由于大学英语的教学对象是来自各个不同专业的学生，其各自学生的专业特性和所涉及的英语知识都是不一样的。针对不同专业的实际情况，结合学生的个体需求进行的教学体现的就是个性化教学的差异性。

第三，大学英语个性化教学涉及的教师教学风格具有差异性。不同的教师由于成长经历、文化背景以及对教学的理解不同，从而形成了各自不同的教学风格。教师的这种差异性的教学风格是教师实施个性化教学的基础。例如，有些教师的音质好，那么从他口中讲出来的英语就能够很好地吸引学生的课堂注意力，甚至会直接影响学生学习英语的态度。

第四，大学英语个性化教学的差异性是建立在师生人格平等的基础上的。虽然我们主张大学英语个性化教学是充分尊重师生在教学过程中的个性差异，但是其并不意味着师生在人格上的不平等。一方面，师生在人格上的平等是教师开展教学活动的根本性前提，这是对学生作为独立人格发展的充分观照，任何教学活动都必须遵循；另一方面充分尊重学生个性差异，让每个学生都能得到应有的个性发展，这本身就是一种特殊的人格平等。

### （五）诊断性

诊断性是大学英语个性化教学的又一重要特征。大学英语个性化教学需要针对学生的个性差异组织教学，其设计教学的关键就是根据学生个性差异制定差异性的个性化教学计划。所谓的教学诊断，是教育专业人士和学校内部为了促使教学和学生的需求以及基础状况相吻合，评判教师的教学状况以及学生完成教学目标需要具备的基础。借助诊断，制定一个优化教师的教和摒弃学生学习阻碍的教学手段。可见，大学英语个性化教学过程中，通过教学诊断能较好地把握学生的个性化需求，这是实施个性化教学的基本前提。此外，现代数字化信息技术的运用，为大学英语个性化教学的诊断环节提供了有利条件。所以，大学英语个性化教学能够运用数字科技完成。尽管现代信息科技有助于个性化教学的开展，但是科技的利用以及个性化教学的践行和教师发挥的主导功效是紧密关联的。

### （六）交际性

人们交往的关键工具就是语言，语言最根本的功能和性质就在于交际性。在大学英语教学当中，语言和文化是密不可分的。要凸显教学的个性化，我们在文化适应性上需要达成以下相同的认知：一方面，文化知识和适应能力是交往能力的关键构成；另一方面，语言交往能力本质上是更深层次的获取文化知识的基础。要实现以学生个性化需求和各学科个性化需求的教学，融入文化特征的教学活动才能具有真实交际意义。鉴于此，大学英语个性化教学的交际性主要表现在四个方面：①通过大学英语课堂教学使学生掌握大量“英语国家”的文化知识，从而实现大学英语的交际功能；②通过英文资料的阅读实现大学英语的跨文化的交际功能；③通过面对面的对话交流，如与以英语为母语的外国人交流，从而实现大学英语的交际功能；④在坚守中国文化的基础上，向外推广汉文化，从而实现大学英语的交际功能。

## 四、大学英语个性化教学模式的设计策略

### （一）大学英语个性化教学模式内容的设计

高等学校应当从自身的情况出发，按照课程要求以及学校大学英语教学目标进行课程体系的设计，实现必修课与选修课相结合的模式，包括语言应用、语言文化、专业英语、综合英语、语言技能等，进而使得不同层次的学生可以在英语应用方面的水平显著提升。

如此可见，在个性化英语教学设计当中必须以个性化的教学目标为依据，其课程设置主要体现在以下方面：

1. 课程设置的多元化

大学英语个性化教学内容的设计，主要体现在普通英语教学与专业相结合的课程融合，个性化选修课数量和种类在课程类别总量中增加，大学英语教学专门用途英语内容的增加，为未来学生学习专业英语，甚至双语学习奠定良好基础。

大学英语课程设置的多元化，先不排斥传统大学英语教学目标和学生需求，对以传统大学英语阅读为核心的大学英语课程群可以保留，以满足学生考级和考研的需求。同时，增加以大学英语听说为核心的课程比重，满足中外交流频繁背景下对英语学习者听说能力要求不断提高的社会需求变化。另外，有选择地设立专门用途英语课程，把大学英语与学生的专业相结合，有利于实现学生专业领域当中英语综合应用水平的提升，尤其是听说能力的全面提高，进而帮助学生在未来的学习、生活和工作当中，可以较好地运用英语开展交流。

在个性化教学内容设置上应当针对学科所存在的各自特点，对不同学科英语需求进行分析，从而开展多样性的教学内容，掌握各专业课程的分配情况，按照大学英语教学目标、学生个性化特点，使得在英语课程设计当中能够有意识地融入跨学科的东西。同时还要能够对中学生未来的专业发展和就业需求开展分析，让英语能够更好地帮助学生获得成长和进步，让学生在语言学习的过程中，可以认识到语言的作用和地位。

总而言之，关于大学英语教学首先就是能够明确教学目标，实现英语教学和个人职业规划的融合，让语言教学成为服务学生基础知识、实践能力提升的重要方式。大学英语课程设置的多元化是由教学目标多元化决定的。根据教学内容不同，大学英语可分为通用英语、通识教育类英语、专门用途英语。学术英语和科技英语均属于专门用途英语。在进行大学英语课程设置时，课程内容、难度、目标要有总体规划，以确保课程能有效衔接。对于不同层次的高校，各个类别课程所占比例应有不同，应根据学校专业发展和办学特色设计个性化的教学模块。

2. 教学内容组合的多元化

传统大学英语教学内容往往表现出一种统一性，教材基本统一，教学内容基本一致，成为阻碍学生个性发展的一个主要因素。这种统筹划一的教学内容设计，从某种程度上便于教学安排，有利于统一考核，降低教学成本。但不同教师在教授具体内容时，有不同的偏好，更重要的是，这种模式基本忽略了学生风格和学习需求的差异性。统一的教学内容，也不利于教师对教学内容进行个性化的处理，采用更具接受性的教学方式，如故事方法、图像方法等，使得教学内容更好地展现在学生面前，满足学生需要，让学生可以自觉地开展学习。

多元化的教学内容组合是构成个性化大学英语教学的重要组成部分。不同的教学内容组合，为学生提供了不同学习方式的选择，或着重自主学习，或强调研究性学习，或突出体验式情景，或发展反思性的思辨思维能力，学生通过自主选择教学内容，获得适合自身特点和需要的二语习得方法，提高英语语言技能应用和实践经验，反思教学内容的适宜性。在以往的教学中，教师按照教材的编写思路，和对课程的个人理解，结合课时等外在条件的要求，对教学知识内容做了分割和组合。但这种理解往往带有较强的个人色彩，知识之间或是孤立的，或随机联系的，并没有基于学生的学习特点和需求，没有站在整体上考虑问题，以通达思想对知识内容进行分析，了解学生整体的情况。而多元化的大学英语教学内容安排，要求以综合化的思想，整理和改造不同单元的大学英语教学内容，避免知识内容的重复性问题，给学生提供多元化、综合性的学习材料，让学生能够拥有个性化、明确性的学习思路，掌握和认识自己的学习内容、方式和过程。

现有的课程设置要求学生必须同时参加听、说、读、写、译各门技能课程学习，而多元化的大学英语教学内容要求下的课程设置，将五项技能课程进一步分工，进一步具体化和工具化，将听、说、读、写、译相对独立开来，或分别组合，形成听说、读写、写译等不同课程类型。学生应当从自我专业的需求情况出发，积极探索满足自己的兴趣爱好，也可以把作为通用英语的听说读写译等技能课程与强调专业需求的专门用途英语课组合起来，形成更丰富的大学英语教学课程组合。当然，学生的专业和英语学习兴趣不总是一致，这时我们在积极地引导之外，还要充分尊重学生的学习兴趣。不管多元化教学内容呈现出何种组合形式，其核心目的都是为了满足学生的个性化需要，进而激发学生的学习动机，学习动力增强，学习的效果自然会提高。

3. 课程设置持续进行模块化

多元化教学内容要求课程设置不断模块化。充分对学生存在的个体不同进行考虑，然后对大学英语教学采取分级分类方法，让学生能够从自身知识水平出发，找到适合自己的类别。同时，在课程设置上开设必修课和选修课模块，在不同模块下，设立不同课程，突出不同教学目标和教学内容。按照模块比重的不一，在教学过程上也存在出入，从而满足于学生多元、个性的学习需求，逐渐使得教学中能够提升文化教学以及非语言技能教学的内容，让学生在英语学习更为突出个性、专业。

## （二）大学英语个性化教学方法的设计

个性化的教学方法，要注重实现以往传授为主的教学向指导为主的教学转变，注重学生主体地位，以培养学生发现问题、分析问题和解决问题的能力为主要任务，重视英语知识应用技能的培养，尤其是学生在职业和生活中英语语言的综合应用能力的培养，才能让学生在未来的生活、工作、社会当中更好地开展口头英语交流与沟通，适应国内国外环境变化。

个性化教学方法重视因材施教，重视交流互动，在交流中解决课堂教学中遇到的问题，提升学生的语言能力，充分尊重和适应学生之间的个性化差异，保证教学方式的灵活性，以及教学情境的多元化，增强教学过程中的趣味性、互动性，提升学生兴趣，集中学生的学习注意力，使他们积极主动地参与到教学当中。

### 1. 分级分类的教学方法

以学生为中心的教学是对个性化教学的重要体现。近年来各高校的教师在不同级别和类别的大学英语教学中，不断在教学中尝试各种不同新的方法。我们可以在低级别的大学英语课堂上，采取情景教学方法，使英语教学贴近生活，启发学生的分析问题和解决问题的能力，培养学生的批判性和创造性思维，鼓励学生探究式学习，积极主动思考，在语言实践活动中提高英语语言应用能力。

在高级别的大学英语课堂上，采取任务型和研究型教学方法，组织和开展课堂小组讨论，建立课题研究小组，提交课程报告等教学活动，在教学中积极引导学生参与，把英语的工具性作为第一因素，充分考虑英语学习者的个性需要，培养学生使用英语的语言技能，完成研究型任务，进而提升专业水平和能力。

由此可见，通过分级分类的方法将会使得大学教学环境获得有效的改善，既能够帮助学生实现外语教学的实践过程，还能够重点考虑课堂中教师所具有的辅助性作用和不引导性作用。分级分类教学方法不仅体现在教学方法的差异性上，同时也体现在课程内容的呈现方式和教学手段的个性化上。不同类别级别的大学英语教学，对教材、课堂教学语言的使用频率、师生互动方式、任务形式难度都有所区别。难易多寡不是评价不同大学英语教学优劣的唯一标准，是否实现了个性化教学形式，满足了学生个性化需求，才是重要的判断标准。

### 2. 教学方法的多样化和灵活化

教学目标对教学系统起着根本性的制约作用，它既是教学活动的出发点，又是教学活动的归宿。教学目标中的多维结构决定了教师教学的多维功能，即传授知识、发展能力、教书育人。功能的不同，实施的方法必然不同。所以，教学目标的多维性决定了教学方法的多样化。同理，个性化教学目标的多维性决定了大学英语教学方式的多样化和灵活化。为了适应学生不同的学习风格和需求，教师要采用多种知识呈现与传达方式，让学生有更多的选择方式和接受空间，充分调动他们学习的积极性，促进他们更好地掌握所学知识。

常见的教学方法形式，可以归纳成四种形式：一是传统的讲—演—练的教学方法。在课堂上，老师讲解教学重点和语言知识点，通过实例演练，开展多种教学活动，给学生以练习的机会，通过重复和重现，加深学生的认知和记忆，把语言知识概念化。二是以视听说为主的教学方法。由于生理因素的差异，不同学生对视觉、听觉和表达的不同程度的偏好，因此所表现出来的对外部环境的刺激，会产生不同的反应。对这类学生应着重激发他们的视听说的潜力，采用各种刺激手段和教学策略，按照不同偏好组合，适当配比，充分利用感官刺激效果，提高教学效率。三是自主学习和合作学习形式，对不同学习特点的学生采取不同的教学形式，对偏好独立学习，喜欢安静学习环境的自主型英语学习者，可采用自主学习和教学方法；而合作型学习者则更偏好教师采取小组学习和教学方式，学生与学生之间，学生与教师之间合作学习，教师采取有针对性的指导。四是相机选择合适的教学方式。在大学英语教学中，教师根据学生的学习特点和教学条件，采取与之相匹配和适应的教学方法。可大班集中讲练，也可小班合作研讨，可以采用听说法，也可采取传统语法翻译法，可以采用面授式，也可采用启发式、探究式和参与式的教学形式，既注重教法，还要重视学法和元认知策略教学，相机选择教学方法，有效选择和组合教学手段和方法，才能帮助学生学会主动接受知识、有效掌握知识，更好地促进课堂教学效率，教会学生“如何学”；尊重学生学习上所具有的主体位置，满足学生个体化需要，以及突出学生情感需求，实现因材施教的目的。

3. 适应专门用途英语教学方法（CLIL）

所谓“专门用途英语”，就是能够和特定职业、科目、目的具有关系的英语。其属于一种语言，教学当中不仅仅要突出技能元素，还需要强调专业性，实现专业知识学习和语言技能训练的双重提升。但语言教学本身并不是专门用途英语的终结，而利用语言实现一个确定的目标才是专门用途英语的真正目的。CLIL 是将孤立的、单纯的语言教学转向语言的形式教学与内容教学相结合。在 CLIL 教学模式下，利用语言来学习内容，并通过内容促进语言习得。由于专门用途英语课程多与学生自身专业紧密相连，因而多采用 CLIL。专门用途英语要求学生先要能够具备一定的英语基础，然后利用其开展进一步的学习。目前国内的专门用途英语课程，存在着两大课堂教学方式：一种是学习者为中心；另一种是教师为中心。教师为中心多以教师在课堂上讲解为主；前者主要是问题解决式的教学方法、自主学习和基于信息技术的教学方法。

另外，在内容语言整合方法上也分为两种：一种是语言驱动型；另一种是内容驱动型。用这两种方法来表明动机和情景上的区别。内容语言整合方法将会建立在英语媒介基础上，对专业、学科知识视为二语习得体验的主要构成。CLIL 方法有利于专门用途英语教学的实施。对英语学习者来说，从英语语言学习一开始，就应该参与真实生活交际，越接近真实语境和交际体验，语言学习效果越好。对学生而言，最容易接近现实社会的是学校生活，而对学习情境了解更好的自然是学校情境。为此，学校提供专门用途英语课程，让学生能够更好地使用英语参与到学术、职业等情景当中，从而利用语言知识对学科内容进行传授，让学生可以在各自领域当中掌握必要的语言技巧和能力。所以，当前大学英语专门用途英语教学中，应加强第二类，即语言—驱动型的 CLIL，强调以语言导向的教学，突出大学英语二语课堂的特征，明确语言驱动专业内容学习的关系。

4. 互联网络环境下的教学方法

网络教学方式，就是利用网络技术辅助学习生态环境，使得学生的主体地位得以充分展现，学习方式主要为以探究式为主的活动。网络化教学可以满足学生不同的个性化学习需求，提供自主性学习方式。基于网络的个性化教学，以计算机辅助教学，以互联网为信息获取和交流媒介，以先进教育理念为基础，引入认知科学等学科的最新成果和认识，通过研究人类学习思维和认知过程的特点和方式寻求学习认知的新模式，使学生在个性化学习中获取知识，以实现真正个别化教学的目的。网络环境下的大学英语教学，或网络化大学英语教学，关注点在于学生自主学习和个性化教学之间的融合，能够有效调动和挖掘学生潜力，彻底转变教师的教学观念、教学方法和课堂角色。不管是线上线下，还是课堂内外，网络化的大学英语教学方法作为一种超文本化的整体教学方法，都强调在教学过程中培养学生自主学习能力，通过声音、图像、文字、动画的媒介，形成微课和慕课（SPOC）等立体式教学工具，使得教与学的界限变得模糊，时空限制不再重要，教学形式变得更加形象和生动。

网络环境下的教学方法呈现“多元化”的格局。从教学实践看，网络环境下的教学方法多采用以学生为中心、教师为主导的教学模式，其将会从各种教学方式中吸收优点，展现了多元化开放性教学的优势，既有常态教学，也有大班级集中教学，在教学当中学生主体又能够得到确定，同时教师指导作用也能够突出。例如，网络环境中大学英语教学方法还有多达二十四种，如练习、合作、演练、教授、讨论、语料库、探究、主题、情境、随机整体、自学、互动交际、主题联想、团队合作、案例分析、角色扮演、在线辅导等。教师主导地位可以从两个方面看到：第一，从学生特点和教学要求上出发，采用合适的教学资源、信息，实施正确的教学策略，进而有效地带动学生学习动机，为学生提供有效的帮助；第二，多媒体网络时代当中，多媒体教学网络将会承担起知识传递者、信息源的身份，作为教师应当将精力集中到学生身上，教师既要能够帮助学生更好地运用多媒体设备，使其能够从网上获得更多的资料和信息，同时还能够按照教学的要求自行设计多媒体教材，进而有效掌握学生学习的进度，了解学生学习情况，还需要合理进行小组分配，对小组讨论开展指导和协调等。

在网络环境下的大学英语教学中，教师把教师的教学过程与学生的学习过程融为一体，学习过程的发生时机不再受课堂教学时间的限制，教学过程和维度不断延伸，形成教师、学生和教学方法在课堂内外的不同组合，学生的主体性得到充分尊重、体现和发挥。网络教学环境下的大学英语教学的外延得到无限扩大，教师的角色从过去的“以教师为中心”的主导作用，逐步向“以学生为中心”的学生自主学习方式和教师的引导作用转化，以达到学生合作学习、研究学习、探究学习、接受学习、个性学习。这里来讨论一个网络环境下个性化的教学模式案例。

大学教育网络化为教育带来了日新月异的教学工具和媒介，不管采取与之相匹配的何种教学方式，教师作为一个教学组织者的地位将不可改变。面对网络化大学英语教学，教师要发挥好中介作用，发挥各种媒体的优势，不可轻视课堂面授的基础性作用，在此前提下，优化媒体的组合，给不同的学习者提供符合其个性化需求的、理想的自主学习方式和环境。

网络教学环境下通过组织教师以及在学校当中实现网络课程的建设，能够有效实现多媒体的开展，实现对教学资源、素材的收集和整理，实现课程的开拓和丰富，进而在教学当中充分利用网络的时空优势、技术优势，在学生和教师当中打造有效的互动环境，形成科学的网络学习成绩评价体系，推动终结性和形成性双向评估，进而让网络课程的多元化、互补性以及交互性等优势更为充分显现。在网络课程创建上面应当充分认识到网络教学的特征所在，实现课程教学和网络信息技术的有效融合，从而带动学生的学习兴趣，让教师可以更好地利用网络开展各种教学过程，如网上辅导、网上答疑、电子作业布置等。在设计课程当中，还应当尊重教学设计，包括内容、环境、活动等设计，都需要考虑在内。应当充分从学生认知心理知识角度出发，找到能够有助于形成良好知识的学习策略，让学生在学习当中能够充分开发大脑，提升学生的创新能力、文化素质水平等。

在网络教学当中，充分实现了对网络化教学系统的有效应用，使其更好地服务于个性化教学需要。具体网络教学活动主要包括的系统有在线测试、学习讨论、辅导答疑、作业提交与管理、信息发布等。实现网络课程的互动性、个性化等特征。利用电子邮件、公告等实现课程信息的告知，有效进行信息的沟通与交流。开展作业功能发布，使得作业发布具有智能化，可以从学生的学习内容角度出发自动进行作业的布置，同时也可以人工进行范围的筛选。可以服务于学生进行作业提交、作业完成等，也可以服务于教师进行作业批改、点评等。在教学当中，具备丰富完整的答疑资料库平台，可以为学习者提供各种答疑网络界面。实现问题和解答的发布需要。还可以提供网络讨论组的相关内容、管理和提交工作，也就是利用网上教学活动的设置，实现个别化的协商交流模式，从而学生之间能够开展相应的问题讨论，作为教师可以利用网络实现与学生的对话，进一步了解学生，帮助学生，给学生创造良好的环境，让学生与学生之间可以达到一定的异步交互的结果，这是目前网络课程中非常重要的部分。至于在线测验则能够帮助教师实现对学生知识水平的测试和评估，对学生成绩进行相应的记录和保存。

利用网络化外语教学系统的建设，将建设成为一个资源丰富、技术先进、互动性强，有利于学生通过自主学习演练提升语言实践技巧的实验教学平台，能满足学生听、说、读、写、译全方位的训练要求，教师可拥有海量的教辅资料及扩展性资源，灵活地进行课程单元授课及单元设置，对学生的学习实现定时、定量、定目标，对学生的学习过程实现可知、可控、可管理。如此一来必然会提升外语专业教学科研能力，和对大学英语教学的进一步改革，将有效促进学院各学科门类的综合协调发展，有利于各专业学生综合素质的健康成长，增强学院核心竞争力和整体办学综合实力。

准备采购的语言教学实践平台，可为外语教学提供更良好的教学和学习条件。先进的教学设备在某种程度上改变了外语教学的观念，突破了传统的单一语言教学和学习模式。优良的高科技设备，丰富鲜活的视听教材，不仅丰富了教学内容，提高了教师上课的效率，突破了时间和空间的限制，还提高了学生学习的兴趣，为学生提供了一个利用现代化教学手段学习外语的良好环境。除学生自主学习、学生与电脑互动、学生与学生互动、学生与老师互动外，还为教师提供了现代化的多媒体教学手段，从各个方面上实现了为教师创造更多的教学机会和环境，提升教师的工作效率，具体包括教学方面、学习方面、考试方面、评估方面、管理方面等，进而使得教学质量显著提升，师资队伍水平显著改善，成本投入有效下降。提供一个基于网络的教学创新平台和环境，实现对学生在网络环境下的可知、可控、可管理，有效提高教学质量。为老师提供一个有效提高教学效率的工具和科研平台。

### （三）大学英语个性化教学组织形式的设计

教学组织形式是一种方式和程序，想要实现一定的教学目标必然需要建立在学习经验或教育内容基础上，在一定的时空幻境当中利用一定的媒体，开展师生互动。其关键点在于包括了一定时空、一定教学因素、一定师生互动。教学组织形式属于教学活动中的形式体现，主要是为教学内容提供服务的。教学活动具体就是指导教学目标、方法和内容。教学组织形式的存在，一方面是为了实现教学目标；另一方面是保证教学内容执行，还有一方面是利用科学的教学方法。最终都是服务于教学任务。在教学理论以及教学实践当中，教学组织形式是具体的落脚点所在，特点为综合性、集结性。从教学组织形式发展的历史规律，学生个体差异性特点的存在，现代教育技术的发展以及现代教育理念的进步，都使得个性化教学成为防线，其将会给个性化教学创造理论基础。走向个性化教学组织形式是个性化教学的回归，也是在现代教学理念指导下教师的必然选择。当前，大学英语个性化教学组织形式呈现出综合化和多样化的特征。

1. 个性化教学组织形式的综合化

随着人们对教学组织形式发生、发展和变革过程的深入研究，发现世界上并不存在万能的教学组织形式，每种形式都各有利弊。要使教学取得最佳效果，只有对各种教学组织形式进行优化组合。分级分类教学是一种体现了个性化教学理念、混合式的教学组织形式，是一种本着“以人为本”“以学生为中心”的教学管理方式，最大程度地尊重和顺应了学生的个性差异和教学可能性。大学英语个性化教学下的分级分类教学顺应了现代教育潮流，以“因材施教”为原则，全面实施差异化、多元化的教学形式。按照学生学业特点和学习需求，分级测试和调查调研，打破自然班，按照学习能力和学习目标差异，混合进行班级编排；针对级别不同的学生，在教学当中应当具有侧重点，尊重个体差距之外，还需要强调目标管理，进而采取有效组织教学方案；动态管理是教学过程必须应用的，将会更加注重学生个性化，完成级别滚动制的要求。教学中因材施教原则要求教师教学目的性加强，教学目标与学生学习能力匹配，提高了教学效率和教师的成就感，学生自我认知感加强，学得更加轻松，学习动机强度增加，学习自信心提升。

传统的大学英语课堂不断被以计算机技术和网络技术为主要教学媒体的计算机辅助和多媒体教学模式所替代。学习动机强、学习能力强、学习需求明确的大学英语学习者和班级更适合采用这种“互联网+”的教学方式，而这种教学手段和模式的使用比例的增加，改变甚至颠覆了大学英语教学组织管理方式。“互联网+”的教学方式，充分发挥了互联网数据处理快、信息存储量大、可按使用者意愿获取相关信息的特点，网络资源的共享性、开放性和交互性，也极大地满足各个层次学生的相关需求，从而真正实现以学生为中心的教学理念。

大学英语个性化教学的特点决定了大学英语所采取的分级分类多元化教学方式，应是一种传统大学英语教学组织形式与网络环境下的大学英语教学管理形式结合和融合的一种混合存在方式，即传统教学组织形式与“互联网+”混合的分级分类教学组织形式。对不同级别的大学英语教学应积极创设不同的网络教育环境，在选择教学组织形式时，还应考虑学生的学习特点、学习动机，学习条件，选择适合的学习时间、学习进度和学习方式，最大限度地让先进的信息技术为大学英语教学服务，以便顺利完成教学内容。

从组织形式上讲，这种混合式教学形式，要求大学英语教学既要考虑教学时间和地点的适当性，又不能受其束缚；既要考虑教与学在时间空间内的融合，又敢于大胆利用网络技术与资源，朝着个性化和自主学习的方向发展。这种混合的教学组织形式，符合当前学生在学习上存在的差异局面，同时还能够推动个性化学习方法的探索，使得个性化策略成为未来学生自主学习的关键所在。

随着移动互联网的发展，导致移动互联网个性化对大学英语教学组织提出了重要挑战，使“互联网+”环境下的混合式教学管理方式更加复杂。当移动通信和互联网二者相结合，移动终端设备在大学英语教学中的作用日渐明显。注重大学英语和移动互联网的融合，将会使得大学英语教学管理迎来巨大改变。建立在移动互联网个性化学习基础之上，能够充分利用移动互联网平台，构建个性化的网络环境，使得学生能够通过终端设备，如智能手机、电脑、笔记本电脑、平板等开展随时随地的学习，实现个性化的学习需求。这种移动互联网个性化学习突破了传统比较呆板的班级模式。突破了时间和空间的限制，使得英语教学和学习呈现碎片化态势。根据学生知识水平的变化，学习能力的强弱，学习需求的进展，选择个性化的学习时间、学习材料和学习方案，从极大程度上摆脱了传统课堂以教师讲解、学生演练的组织形式。基于移动互联网的个性化教学，也区别于当前网络课堂以教师面授、学生自主学习为主的组织形式，教师对学生的学习监控形式进一步虚拟化，未来在大学英语教学管理与组织形式中的比重将不断增加，成为每一位大学英语教师与教学管理者的重要挑战。

传统的课堂仍然以教师负责教学组织管理，并且使用一些多媒体教学设备，辅助课堂教学活动，以提高课堂教学时段效率水平。然而目前设备大都是停留在课堂之上，难以满足学生课外英语学习的需要，也不能够因人而异地提供相应的个性化服务。

个性化的、基于网络的大学英语教学平台，是目前各个高校采取最多的教学管理形式，有利于学生开展自觉性学习，使其找到符合自身需要的学习思路，形成特有风格。为加强教学组织，大学英语教师开发了丰富学生课后自主学习资源，形成了网上的学习平台，微课、慕课等网上教学与学习资源，丰富了学生学习的选择。但这种组织形式，没有减轻教师的教学负担，教师不得不耗费大量时间和精力，备课授课；学校需组织相当的人力和物力，制作各类网络视频资源。

适合智能手机使用的移动互联网英语学习方式，为大学英语教学组织与管理提出了新的课题。目前，针对各阶段各个层次的英语学习者的学习资料，不仅仅以纸介和网页形式出现，相关移动互联网 APP 平台资源逐渐地丰富起来。移动互联网让学生能够从自己的学习水平、内容、学习层次等方面着手，在移动端找到符合自身学习需要的相关资源，进而开展自觉性学习。学生不再以课堂学习，或在网络教室学习作为唯一的大学英语学习形式，相反会因学习效率和个性化问题，出现对大学英语传统教学组织形式的排斥和懈怠心理。移动互联网个性化教学在教学当中的地位越来越重要，让学生看到了便捷性学习过程，而且这种方法可操作性比较强，学生能够随时随地进行资源运用，碎片化学习，极大地颠覆了传统的、集中化的学习管理形式，学习方式更加灵活。但这种学习方式，对学生的注意力、学习的专注性、教学组织的直接性都会产生不利影响。

在“互联网+”的教学管理形式下，不管是大学英语网络教学，还是移动互联网下的大学英语教学，教师往往是通过教师管理模块和学生管理模块，实现远程教学管理的。教师管理模块当中，应当注重个性化作业和在线辅导两个模块，这是当前个性化教学的主要内容所在。教师应当针对学生的难题随时进行解答，针对学生不同的学习困难和进度，提供有效帮助；同时根据学生的具体情况和发展空间，布置个性化作业和测试评价，提出个性化建议。学生通过学生管理模块可以查看测试任务、进度和结果，做出个性化自我评价；通过学习策略指导模块，学习必要的英语学习策略，根据自己的学习风格与认知水平，找到合适的学习方案，进而利用所选的方案开展更丰富的训练；通过自主训练模块，参与各类技能训练，学生可以根据自己的学习情况，选择不同训练形式和难度；通过评价模块，学生可以把自己的学习成果，学习建议和思考，传送给教师或同学，进行学习互评和学习反馈，及时获取学习建议，学习目的性和学习成就感得以加强。

2. 个性化教学组织形式的多样化

教学组织形式的多样化是顺应时代发展的必然结果。纵观教学组织形式发展的历史走向，教学组织形式从最初的个别教学制逐步实现了班级教学制，到今天又走向了个别教学回归的道路。每一种教学组织形式在某一个阶段都有其存在的合理性，尽管有其不足，但这些教学组织形式也都传承下来，互为补充，合理并存。目前，大学英语个性化教学组织形式有以下方面：

（1）同步教学。同步教学或集体教学与个性化教学相辅相成。倡导学生学习的个性化、提高学习的自主性，并不是要排斥同步学习或集体教学。个性化教学是以集体教学或同步教学为基础的，当教师面对全体学生提出问题或共同解决问题时，当教师和学生需要在全体学生面前分享和交流个性化学习成果时，当教师要针对具有典型性的个性化学习问题和困难进行重点讲解和演示时，都要进行集体教学和同步教学。同步教学是与学生的同步学习一起发生的，学生是在被动状态下接受学习，如不能与个别教学、分组教学有效融合，就无法保证学生在同步教学都能全身心参与教学，共同学习。因此对同步教学的要求是，要强调同步学习，要深化学生的参与感，要注意同步教学的使用时机。

（2）分组教学。优化分组教学形式，也是开展个性化英语教学的关键所在。在个性化英语教学之中，往往教师将会在课前对学生进行分组外，按照教学内容和课程进展需要，布置分组教学任务。也可以先设定不同课题或学习任务，由学生自由选择，自由分组，以是否完成学习任务为分组教学结果的评价标准，这两种分组形式，不管是教师统筹考虑，还是学生自主选择，都考虑了学生的学习起点、学习差异、学习特点的互补性和教学内容的进度等不同问题。综合两种分组形式的特点，不断优化分组教学形式的效果，可以采取动态分组教学形式，分时间段重新分组，以学生的意愿、兴趣为主，教师可以适当干预。教师干预分组学习时，要注意把分组学习与个别学习承接起来，要求学生能够积极参与到小组交流当中，实现学习成果和思想之间的交流和沟通，进而对错误及时发现，并且进行相互答疑。通过讨论和探索，找到更好的解决方案，同时做出相互之间的评价。此外，分组教学时要考虑小组成员的个性化差异，是否有利于小组共同解决学习任务或完成课题，有利于学习水平和学习风格不同的学生开展有效互动，进而让各个层级的学生都能够更为积极主动参与进来。

（3）个别教学。个性化差异是整个大学英语个性化教学的基础所在，应当充分尊重学生的个体思维和心智成长过程所表现的个人特色，个别学习和个别教学形式成为个性化教学的主要组织形式。个别教学形式往往通过以下情况出现：首先，当同质的问题提出时，对不同学习能力和学习需求的学生，可以用不同语言表达形式、知识侧重点和难度呈现，以激发学生多样化的、个性化的、异质的思考和回答；其次，当通过课堂讨论、线上线下讨论、师生答疑解惑等课堂组织形式，形成了具有共核特点，但是表达不同的个性化答案时，可以对每一个学生身上内化而成的学习成果，给予个别评价，会帮助学生获得积极的自我评价；再次，当学生获取教师个别指导、评价，选择所需教学资源，自我练习时，个性化教学管理可以帮助学生掌握个别所需技能；最后，当个别学生因学习能力差异，出现或快或慢、与多数学生不一致的学习速度时，个别教学鼓励学生采取个别学习的方式，使学生在一定时间专注于自身的学习进度，潜心学习，独立思考，以自己的速度，用适用于自己的学习方法，真正掌握英语语言技能和知识。

在日常教学中，教师可以根据教学目标、课程设置、学生学习水平以及教学环境等因素交替使用上述三种教学组织形式，以期达到最佳的成果，完成个性化教学目标需要。

# 第五章 大学英语的信息化教学模式创新

## 第一节 大学英语的微课教学模式

教师在进行大学英语课程教学时，应重点培养学生的英语听、说、读、写、译能力以及跨文化交流能力。通过微课的模式可帮助教师获取大量的英语教学知识，以此来满足大学生全面发展的需求。“微课可改变传统的教师教学理念、英语教学模式、课程教学内容等，教师将建立以学生为中心，以学生能力培养为导向的现代化教育教学目标”①。

### 一、大学英语微课教学模式的主要条件

#### （一）先进信息技术

信息技术已经广泛应用于各个领域，在此背景下，无线移动网络的覆盖率也在不断增加。无线移动网络能够为学习者的学习提供便利。近年来，随着移动手机的不断更新和换代，学习者利用移动手机进行学习成为一种必然。另外，在信息技术、网络平台、大数据、云计算、应用软件等应用技术的推动下，移动终端实现了快速联网，同时它在教学中的应用也越来越普遍，这些都为微课在教学中的应用和发展奠定了基础。

随着信息技术的发展，信息技术对教育教学也产生了前所未有的影响。我国很多高校也意识到信息技术在教学中的重要性，并将信息技术应用于教育教学中。同时，高校在利用信息技术辅助教学的同时，也开始重视信息技术与课程整合及信息技术与学科整合，这是教育信息化发展的必然。在当今时代，现代教育已经意识到信息化教学和人才培养模式的重要性，并利用信息化教学促进人才培养模式的改革，从而为社会输送高质量的人才。

① 陈洁. 基于微课的大学英语教学策略研究［J］. 校园英语，2022（3）：12.

要想实现信息化教学，就应该重视信息技术与课程整合。

信息技术与大学英语教学的有效融合，有利于提高学习者的学习效率，有利于提高大学英语教学的效果，更有利于实现大学英语教学的目标。微课是教育信息化发展的必然趋势，将微课应用于大学英语教学中，必能促进大学英语教学的发展。众所周知，微视频是微课教学的重要载体，微课教学的实施和发展离不开现代信息技术的发展。因此，高校必须为大学英语微课教学提供必备的现代信息技术支持。现在高校网络教学设备日益完整，网络信息化体系也日益健全，这些都为大学英语微课教学的顺利实施和开展奠定了基础。

除此之外，还需要指出的是，当前大学生利用手机等移动设备进行自主学习的现象越来越普遍。因此，在教学中，教师可以鼓励和引导大学生通过移动设备来观看微课视频，这样有利于促进大学英语微课教学的实施。

### （二）领先的教学理念

随着网络信息技术在教育领域中的广泛应用，教育信息化应运而生。微课是教育信息化发展的结果，它作为一种新的教育教学理念，在教育教学中起着不可替代的作用。随着网络信息技术的迅速发展，世界各国之间的交流与互动日益频繁。世界各地的人们打破了时间和空间的限制，可以随时随地进行交流和互动。网络信息技术在教育领域中的广泛渗透，改变了传统的教学模式，教师教学和学生学习都可以不受时间和空间的限制，学生与教师之间的交流与互动可以在线下进行，也可以通过网络信息技术在线上进行。同时，在网络信息技术的影响下，教育教学模式不断改革和创新，一些新的教学模式也逐渐应用于教育教学中，例如，翻转课堂、慕课、远程教学等。这些都为教师的教和学生的学提供了新的方式。

移动化、碎片化的学习模式应运而生，这种学习模式在很大程度上促进了学习者的学习。“移动化”强调的是打破时间和空间的限制，可以任意时间、任意地点进行学习；“碎片化”主要强调的是容量比较小，学习起来比较方便。这种学习方式是教育信息化发展的产物，有利于学生根据自己的学习情况自主建构知识。微课具有短小精悍、目标单一、主题明确的特点。这些特点与当前提倡的移动化、碎片化学习的要求不谋而合。微课不仅容量小，所占的内存也比较少，而且能够以多种设备为载体，有利于学习者随时下载、随时存储、随时学习。

除此之外，微课中的微视频还有暂停功能、快进功能、快退功能、回放功能。这些功能的存在为学习者学习微视频带来了极大的方便。学习者可以利用微视频的这些功能，反复观看微视频，将一些重点、难点、疑问等记录下来，与学生进行交流和讨论。同时，微课的载体设备类型众多，学习者可以根据自己的情况选择合适的移动载体设备。总而言之，学生可以随时随地观看微视频，微课的产生使学习者真正实现了移动化、碎片化学习。

总而言之，教育信息化是信息化时代的一种必然趋势，它有利于教育教学模式的改革，有利于教育教学理念的创新，从而使教育教学模式和教育教学理念紧跟教育信息化的步伐，适应信息化时代的发展。微课是网络信息技术发展的产物，它需要先进的教育教学理念，只有这样，才能引领教育教学的发展。

### （三）学生自身的英语自学能力

微课要想在大学英语教学中顺利实施，还需要学生具有较高的自学能力。实践证明，我国绝大多数大学生都具有较高的自学能力，这为微课在大学英语教学中的顺利开展奠定了基础。微课应用于大学英语教学，是大学英语教学改革的必然结果。另外，我国绝大多数大学生都具有较高的自学能力，学生可以根据自身的学习情况和学习需要，通过微课来自主学习，获取知识。可见，学生的自学能够在很大程度上促进微课教学的发展，而微课教学的发展与应用也能够在很大程度上提高学生的自学能力，两者之间是相互作用、相辅相成的。

## 二、大学英语微课教学模式的实践应用

### （一）大学英语微课教学的应用原则

#### 1. 微而全原则

在微课教学中，微视频无疑占据着核心地位，但这并不意味着学生通过观看微视频就能收获学习成果，其他微课教学素材也扮演着不可或缺的角色，如微教案、微练习、微反馈等，这种“微而全”的微课教学才最有利于学生掌握学科知识与技能。

所谓“课”，其本意就是一个教学过程的单位，“课”的开展表现出时间限制性与组织性，一般而言，“课”所实现的教学目的仅是总体教学目标的一部分，但这个教学目的对其本身而言又是完整的。微课作为“课”的形式之一，首先要体现“课”的基本特征，而后再彰显自身“微”的特色，即言简意赅、重点突出。

值得一提的是，虽然微视频是微课教学最为重要的组成部分，但不能简单地将二者等同起来。综观当前各种微课教学比赛，参赛作品直接被规定为教学微视频，那些在比赛中取得优异成绩的参赛者，大都因为教学微视频的质量较高。不可否认，高质量的教学微视

频是微课教学开展的基础，但由于教学的动态性特征，仅有高质量的教学微视频是不够的，其无法全面满足教学活动的要求。

微课模式之所以在英语专业实践课教学中推广开来，这主要是因为，与传统的教学模式相比，其不但将静态的课本教材以一种动态的形式呈现出来，而且从学生注意力集中的时间出发，将冗长的教学过程浓缩为简短的教学微视频。所以，微课教学能够提高教学效率，改善教学成果。在应用微课开展英语专业实践课教学时，应当注意教学微视频配套资源的全面性，通过微练习、微反馈等帮助学生在观看教学视频后自主检测学习效果，并及时将学习情况向教师反馈。所以，作为教师，必须把微课设计得“微而全”。从这个角度来看，微课设计与传统课程设计存在相似性，即都需要从撰写教案开始，然后确定教学的目标、计划、重难点，而后开展教学实践，最后进行教学反馈。二者都体现了教学系统的完整性，只不过微课模式将教学的重要内容以微视频的形式呈现出来。

2. 适用性原则

在开展微课教学时，教师首先要进行选题，针对恰当的内容设计微课，这样才能保证微课教学的效果。对于英语专业实践课教学而言，并非所有的内容都适合用微课模式讲授，教师要根据具体的教学内容，在分析重难点的基础上，确定是否实施微课模式。

根据认知负荷理论，人脑有效的认知负荷仅能保持十分钟左右，而传统的课堂教学时间较长，学生并不能有效掌握全部的教学内容，因此，需要通过一定的方式把一堂课的总体学习目标具体化，从而增强学生的自信，提高他们对知识的掌握程度。所以，教师在设计教学微视频时，要把时间控制在10~15分钟，让学生在相对舒适的状态下学习知识。至于那些包含复杂概念的教学内容，显然无法通过10~15分钟的时间展现出来，因此也就不适合以微课的模式进行授课。

例如，语法知识是英语教学的一部分，浅层的语法知识可以开展微课教学，而那些深层的语法知识，学生在理解时需要调动先前掌握的知识，并在教师的详细讲解下借助立体化的思维方式才能掌握，如动词的各种用法，这就涉及动词变位、被动语态、形容词词尾等一系列的知识点，教师需要依据学生现有的学习水平、能力、接受程度等制订教学计划，并根据课堂教学的实际情况随时调整教学进度。

微课属于一种相对程式化的教学模式，如果将复杂的语法知识生硬地设计成微课视频，很有可能对教学效果产生负面影响。基于此，在将微课模式应用于英语专业实践课教学中时，应当选择适宜的教学内容，尤其是那些在传统教学模式下收效甚微的教学内容，可以尝试制作相应的教学微视频，以微课的模式将其攻克。微课是对传统教学模式的优化，在充分肯定传统教学模式优势的基础上，要积极应用微课弥补传统教学模式的不足之处，增强选题的适用性，选择恰当的教学内容，让微课成为传统教学模式的最好补充。

3. 趣味性原则

兴趣是最好的老师，学生在兴趣的指引下才能更高效地学习。在微课教学中，教师要想方设法地激发学生的学习兴趣，通过生动形象的教学微视频吸引学生的注意力，让学生在精力高度集中的状态下习得英语知识。

基于微课教学模式，学生学习知识的主要来源就是教学微视频，这就要求教师花费充足的时间与精力进行微视频的制作，尤其是视频画面，一定要做到品质精良，演示效果丰富，这样才能在短短的10分钟左右完全激发出学生的学习兴趣，让学生保持充足的学习热情。为了达到这样的目的，教师必须从自身出发，提高信息素养，做到游刃有余地运用各种微课教学所必需的信息技术。

微课的应用为大学英语专业实践课教学注入了新的活力，原本枯燥的教学内容以微视频的形式呈现在学生面前，学生在趣味性的环境中学习英语知识与实践技能，长此以往，英语专业素养也得到了提高。

4. 互补性原则

当前，我国英语教学的主要形式仍然是课堂教学，这是由我国的国情及学生的学习特点决定的。微课作为一种新的教学模式，其对英语教学起到了辅助作用，但是也存在某些弊端，例如，学生在观看教学微视频时遇到不懂的问题，由于视频播放的程式化，其无法随时向教师提问，而这在传统教学课堂中是可以实现的。等到观看完全部的教学微视频，学生当时想要问的问题可能已经记不清楚，这无疑影响了学习效果。这说明，微课教学模式与传统教学模式各有所长，二者不能孤立存在，而是要互相补充，从而促使学生的学习效果朝着积极的方向发展。

所以，教师可以把教学微视频当作学生课前自主学习的资源，让学生提前了解本堂课的教学内容，并整理出自己不理解的知识点。在课堂教学中，学生就自己存在的问题与教师交流，向教师请教，原本课堂教授知识的时间转化为教师为学生答疑解惑的时间。微课与传统教学模式互为补充，相互结合，英语专业实践课的教学不仅令教师满意，更让学生收获满满。

5. 操练性原则

对中国的英语学习者而言，大量的时间被应用在理论知识学习上，实践性的语言操练机会少之又少。学习英语的根本目的是应用，要想具备使用英语进行交际的能力，就必须开展大量的语言实践操练。尤其是在英语专业实践课教学中，教师更要注重为学生提供语言操练的机会，让学生在实践中提升语言能力。

6. 发展性原则

微课模式在大学英语专业实践课教学中的应用要想走向成熟，就必须不断发展，除了英语教师的精心设计以及学生的密切配合之外，学校作为英语教学的主阵地，也要大力支持微课模式，尤其是硬件方面。为此，学校要加强对现代信息技术的引入，依托各种信息化设备为英语专业实践课教学创建多元化的多媒体教室，从而保证微课教学的顺利开展。同时，学校还要从根本上对微课模式予以肯定，由于这种新型教学组织形式与传统教学组织形式存在较大区别，所以更要鼓励英语教师勇敢尝试，鼓励学生积极参与。

总而言之，微课在英语专业实践课教学中的应用并不是一个简单的过程。微课设计要做到微而全，微课内容的选择要做到真正适合学生，微课教学环境要充满趣味性，微课模式要与传统教学模式互补，微课中要具备实践操练性的内容，同时，还要时刻关注微课在英语专业实践课教学中的发展，让学生切实体会到这种模式创造出的可观的学习成果。

### （二）大学英语微课教学的应用要求

1. 学校方面的应用要求

伴随着信息技术在教育领域的不断渗透，微课作为一种新兴的教学模式在各大高校推广开来，就当前取得的教学成果看，微课模式有着十分广阔的发展前景。过去，微课在高校教学中的应用表现出零散化的特点，即只有少数教师在开展某些课程时应用这一模式，如今，越来越多的教师开始将微课与自己的学科教学结合起来，微课教学模式也逐渐变得规模化、集成化与具体化。

为了进一步推动微课在英语专业实践课教学中的应用，院校要承担起相应的责任，首先保证微课教学有施展的场所，也就是建设更为完善的多媒体教室，配备更为丰富的多媒体设备。其次，由于视频是微课教学的主要资源，教师需要将制作好的教学微视频上传至教学平台，学生登录账号在平台中观看，这个过程离不开网络的支持。因此，院校要着力建设校园网络，让学生不论身处图书馆还是自习室，都能随时观看教学微视频，学习其中的内容。最后，微课教学模式中，教学微视频的制作往往要耗费教师大量的时间与精力，如果教师将制作好的教学微视频上传至共享平台，此后其他教师讲授到相同内容时就可以借用这些视频资源，这不仅有利于减轻教师的教学压力，还能够促进教师团体之间的沟通与交流。

2. 教师方面的应用要求

微课应用于英语专业实践课教学，关键在于教学微视频，高质量的教学微视频才能促进学科教学的发展，因此，英语教师必须提高对自己的要求，从而制作出精良的教学微视频。

（1）英语教师乐于在教学中应用微课这是十分值得肯定的，与此同时也要意识到，长期以来，我国的大学英语教学都是在传统课堂中进行的，微课模式绝不可能取代传统的课堂教学，二者必须结合起来，各自发挥优势，共同致力于英语专业实践课教学的发展。

（2）微课教学模式是在教育信息化的背景下产生的，教师能否熟练应用相关信息技术成为微课教学的重要影响因素，所以，英语教师必须不断学习，从而提高现代信息技术的应用水平。为了弥补传统教学模式趣味性的缺失，教师要制作出有趣的教学微视频——不仅画面生动，而且配音字幕使用得当，这就要求教师具备制作教学演示文稿（PPT）、使用录屏软件以及配备声音与字幕的能力。其中，声音的配备要求英语教师对教学内容一一朗读，因为在英语专业实践课教学中，英语发音格外重要。学生在观看教学微视频时，大脑能够接收到良好的语言刺激，在此基础上进行跟读，才能形成正确的发音，养成良好的语言习惯。

3. 学生方面的应用要求

不论传统教学模式还是微课教学模式，教学服务的对象都是学生，教学所要达成的目标也都是提高学生的学习效果，所以，任何一种教学模式都要注重学生的作用，为学生创造良好的教学环境，调动学生的学习积极性，这也是微课教学的应有之义。在基于微课的英语专业实践课教学中，学生更乐于在课前和课后观看教学微视频，这两个阶段的学习都没有教师的参与，因此，需要学生发挥主观能动性，开展自主学习。

在课前预习环节中，面对未曾学过的知识点，学生要表现出精力高度集中的学习状态，有目的地观看教学微视频。视频观看完毕后，回想自己学到了哪些知识，存在哪些不懂的问题，这些问题哪些需要与同学探讨，哪些需要向教师请教。另外，为了检测自主学习成果，学生需要完成教师设置的配套练习，这样才能明确自己的学习情况。

在课后复习环节中，学生借助教学微视频查漏补缺，对于自己的薄弱之处多次观看教师的讲解，从而全面掌握课堂教学内容。除此之外，微课也可以在课堂教学环节应用，只不过大多数学生认为，课堂要以聆听教师的讲授为主。其实，在课堂中播放教学微视频能够调动学生参与教学活动的积极性，有利于提高学习效率。

总而言之，英语教学的实践性本身就很强，英语专业实践课教学更是如此，实践课开展的目的就是促使学生在扎实掌握语言知识理论的基础上，形成语言实际运用的能力。在微课教学视频的辅助下，学生可以跟读，并反复练习相关句型，正所谓熟能生巧，大量的练习必然能够帮助学生获得许多英语实践运用的技巧。总而言之，学生必须成为一个自律的人，用良好的自主学习习惯收获更多的英语学习成果，也让微课教学体现出其存在的价值。

## 第二节　大学英语的慕课教学模式

“为了更好地促进大学生全面发展，大学英语课程的教学需要进行不断改进”①。慕课是一种在线课程开放模式，是在传统发布资源、学习管理系统的基础上建立起来的课程模式。

### 一、慕课教学模式的类别与特点

#### （一）慕课教学模式的类别

1. 基于内容的慕课教学模式

基于内容的慕课教学模式强调的是教学内容，更加关注学生对教学内容的掌握情况。因此，这种教学模式往往会与教学评价相结合参与到教学实践中。当然作为慕课教学模式的一种，这一教学模式同样需要构建学习社区、号召更大范围的学生参与学习过程。从表现形式上看，基于内容的慕课教学模式与网络化的课堂教学非常相似：各高校教师录制该专业的视频课程，并将视频课程和教学资料上传，同时设置相应的线上测试环节；学生可以自行注册免费账号，参与线上学习，在完成学习任务后，可缴纳一定费用，申请获得相应证书。这种慕课形式极大地促进了高校教学资源的有效共享，得到了诸多投资者的青睐。

2. 基于网络的慕课教学模式

基于网络的慕课教学模式强调的不仅是网络环境，而且是学生参与学习的自主性。基于网络的慕课教学资源，虽然对网络环境有所要求，但却并不是对学生学习渠道的限制，而是希望对网络传播方式的强调，号召学生有效利用网络技术，实现教学资源的进一步传播，同时学生在利用网络技术传播教学信息的同时，也能够加深自己对所学内容的认识，与更多志同道合的学习者建立联系。基于网络的慕课教学模式相对基于内容的教学模式，要更加复杂，对网络技术的要求更高。其中最显著的差异就在于，基于网络的慕课教学模

① 康娜. 传统课堂+慕课的大学英语混合式教学模式研究［J］. 现代英语，2022（8）：21.

式需要交互性技术的支持，即在教学过程中，并不是先由教师录制好教学视频，再由学生进行学习，而是通过直播的方式，由教师与学生借助网络技术构建一堂线上课程。在这个过程中，不仅要保证网络的稳定性，能够支持图像、语音和文件呈现的实时同步，而且需要互动技术的支持，保证师生互动与即时交流的完成。基于网络的慕课教学模式除了需要网络开展外，与线下课堂教学比较相似，一般也以周为学习单位。基于网络的慕课教学模式并不会导向明确的学习结果，一般也不会安排相应的考核与评价。

#### 3. 基于任务的慕课教学模式

基于任务的慕课教学模式强调的是学生对某项知识技能的掌握，它与单纯对内容的强调不同，更侧重于学生学习的阶段性与教学步骤的循序渐进，鼓励学生自主展示自己的学习成果。基于任务的慕课教学模式对学习社区的依赖性相对较强，需要靠学习社区来吸引学生、展示学生作品、传递学习信息。

以上三种慕课教学模式的共同点包括：第一，慕课视频的时长一般都在 8～15 分钟左右；第二，学生参与慕课学习的自主性都较大；第三，慕课的传播、组织、评价、应用等都是在网络环境下进行的；第四，慕课的受众更加广泛，慕课课程的目标设计也更加多样；第五，慕课课程一般都包含视频、课程资源、学习评价、学习社区等组成部分；第六，慕课课程都具有开放性，且具备持续创新的特性。

### （二）慕课教学模式的特点

#### 1. 慕课在网络环境中的特点

下面主要探讨慕课在网络环境中的开放性特征。开放性是慕课自出现之初就一直强调并坚持的教学原则，慕课的开放性表现在慕课教学的以下方面：

（1）在慕课教学资源共享方面。学习者要想参与慕课学习，从免费注册账号、选择学习课程、进行学习讨论以及参加线上线下的教学活动等，都可以自主完成，也就是慕课学习的全过程都是面向所有人开放的。同时随着参与到慕课教学中的高校逐渐增多，各高校间开始承认其他学校的学习成果，这为跨学校、跨学科学习以及学分互认提供了条件。

（2）在慕课教学的机会共享方面。慕课为不同文化背景、不同生活条件、不同肤色、不同地区的人提供了相同接受教育的机会，同时学习者在任何时间、任何地点都能够登录课程进行学习，这种面对所有学习者无差别的开放，正体现着慕课的开放性。不同学习者在进行慕课学习时也表现出不同的动机和意愿，有的学习者主要是被兴趣吸引，或满足自己的好奇心；有的学习者更多是希望得到该专业的证书；也有的学习者是为了在自己专业获得更深层次的发展……不同身份、背景、生活经历的学习者共同加入慕课学习中来，这使得很多慕课的学习讨论并不局限于课堂知识或课程本身，学习社区除了知识交流更担负起了文化融合的重任。

2. 慕课作为“线上课堂”的特点

尽管慕课与传统的课堂教学存在巨大差异，但从课程本身来看，依旧未脱离教学活动的范畴，仍是跟随课程的发展进行线性展示的。因此，慕课与传统的课堂教学存在着天然联系，慕课的结构与传统课堂基本一致，同样重视教学内容、教学方法、教学环境等因素，也经常作为课堂教学的补充出现在教学活动之中。但两者也存在一些显而易见的差异，慕课与传统课堂教学相比，最大的不同在于，它的传播依托的是互联网，而非传统课堂的语言传播。这一特性决定了其受众规模会远超传统教学课堂，但同时也对其教学设计、教学内容、学习管理、评价方式等都提出了特殊要求。

慕课作为网络技术发展下教育领域最重要的成果之一，近年来随着互联网技术与信息技术的发展逐渐受到更广泛地区和人群的欢迎。在新时代，慕课自身也发生显著变化，更加重视课程的完整性与接受度，这不仅为学习者带来更好的学习体验，而且也提高了慕课在教育领域的认可度，学习者通过慕课得到的证书、学业评价等也能够得到更多高校、机构和组织的认可。慕课平台也从最初的线上教育信息交流平台、教学资料分享平台，转变为集资源共享、信息沟通、学术分享于一体的“线上课堂”。而慕课作为“线上课堂”也表现出以下显著的特征：

（1）自我学习为主。课堂教学设计是对整个教学活动的系统规划，对整个课堂的走向和教学框架的科学布置。教学设计一般都要包括目标、内容、策略、评价四个基本要素。在传统教学模式下，教学设计指导着教学活动的展开，从时长范围、评价方式、作业情况等方面对课堂教学进行限制。尽管近年来在现代化技术、教育学理论和管理学思想的影响下，教育改革不断深化，但在教学设计与课堂组织、课堂教学的基本结构等方面改变仍不明显。基于传统教学模式的教学设计仍多以知识掌握为教学目标，教与学的过程仍是以“教师引导、学生学习”的顺序进行。

慕课的教学设计也包含着以上四个基本要素，但在课程实施过程中，更加强调对学生自主学习能力的培养。慕课的教学设计同样会通过一定方法对课程活动进行限制：通过课程视频形式、课堂测试方法、论坛小组对课程活动进行规范。慕课面对的学习者规模巨大，在传统教学模式下，一个教师面对最多百十个学生，仍难以完全照顾所有学生的学习进度，在慕课模式下，讲授者更无法做到“一对一”式的教学，当然慕课的目的也不在于此。慕课的出现是为了实现优质教学资源在更大范围内的传播，是为了搭建起缺乏有效学习渠道的学习者与有志于推广优质教育资源的专家学者间的桥梁。因此，慕课课程在设计时更注重对学习过程的设计，注重对学习者的引导，而非单纯某个知识的传授。同时，与线下传统课堂教学不同的一点，慕课课程设计时，还要考虑到不同地区、不同文化背景下的学习者的需求和接受方式，通过避免使用可能引起争议的教学方法、强调学术性研究等方式，引导学习者根据自己实际情况完成学习过程。在慕课教学的整个过程中，学习者的自主性是保证学习任务完成的关键。

另外一个体现学习者自主性的地方在于，对慕课课程选择的自主性。慕课面对着大规模的学习者，学习者同样也面对海量的慕课资源，而且随着近年来全世界范围内高校和学术界对慕课的重视，慕课资源在不到十年的时间里飞速增加，很多同类、同质的慕课资源还是出现在各大平台。学习者需要在这些慕课课程中挑选出自己更喜欢、接受度更高的那部分课程。这种情况也是不会发生在线下传统教学课堂之中的。

（2）短小精确的课程内容。传统课堂教学的内容安排是参照学科教材和大纲要求并辅助练习册、教辅书等进行设计的，与学科特点、课程类型直接相关。而高校教学课程一般是由国家教育部门统一编制的，相对固定。课堂教学无论是教学内容、课程目标，还是教学时长、教学完整度等都会受到一定限制，教师的教学活动必须要符合国家和学校的要求，完成固定的教学任务，实现一定的教学目标。

但慕课却并不受这方面限制，教学内容全凭课程制作者、讲授者做主，可以是讲授者自己的研究方向或是专业经验，也可以是学科基础知识或者某个易混淆知识点等，还可以是某些跨学科、跨领域的内容等。慕课课程可以是一节课，也可以是分成多节课的一门课程，也可以是数个学科的整合介绍，甚至可以是对之前各不相关领域的教学资源的重新整合和再次利用。慕课从创立之初，就并没有刻意强调内容的系统性和全面性，慕课的课程视频中也不全是，甚至只有一少部分是，对某一门课程的系统讲述。慕课课程视频的时长大部分都比线下课堂要短，一般只有十多分钟，一个视频可能只包含几个教学片段和部分学习资料，内容容量相较40分钟以上的线下课堂极小。因此，慕课设计者在进行内容选择、课程设计时，需要认真筛选教学材料，选择更能吸引学习者、更具代表性的内容来制作课程视频。一门流传度高、学习者众多、质量过硬的慕课，一般需要很长的准备、设计和制作时间。一般而言，一门慕课的制作需要经历以下步骤：

第一，选定教学内容，编制教学材料，先将其分成每节2小时左右的几个部分（相当于一周的学习量），再将每一部分都划分为数个10分钟左右的小节。之后以小节为单位进行课程视频的录制。

第二，录制课程视频，并对视频进行编辑。

第三，按照慕课平台要求，上传制作好的课程视频和教学材料、课件等相关教学资料。

第四，设置嵌入式测试，在课程视频的合适位置嵌入准备好的程序性问题，以发挥测试的作用。

在课程上传前一个月左右，课程的宣传视频、信息接受就已经在慕课平台公布，学习者可根据公开的信息选择课程。课程开始后，学习社区也会随之开放，学习者和讲授者可以通过绘画小组、论坛等进行沟通。同时，讲授者需要进入管理系统，对学习者的问题进行解答和回复。

（3）同学互评的评价方式。学习评价作为教学活动重要的组成部分，不仅是教授者重要的教学手段，而且是学习者重要的自省工具。学习评价是在既定目标和标准下，通过一定的评价方式对学习过程、学习行为或学习结果进行评价的过程。学习评价有时候不仅包含对学习者专业知识、技术能力的评价，而且包括道德情感、综合能力的评价。在传统课堂教学模式下，学习评价一般可分为诊断性评价、终结性评价和形成性评价。

诊断性评价主要用于教师对学生学习基础的摸底了解。教师通过诊断性评价了解学生的大体情况，以便根据学生实际制订教学计划、完善教学设计。终结性评价主要是对学习者阶段性学习成果的评价，期末考试、期中考试等都属于终结性评价。终结性评价一般采用笔试的形式，准确度与公平性都相对较高，但也存在片面化的弊端。目前很多高校仍采用终结性评价方式对学生学习情况进行检测。形成性评价只要用于课堂教学的过程中，以随堂测验或课堂提问的形式出现。教师借助形成性评价实时掌握学生的课堂吸收情况，以便调整授课节奏。

慕课教学也有学习评价的环节，但评价方式、评价标准都不像传统课堂教学一样严格。首先，在评价的效力上，传统课堂教学的学习评价会与学生的学习成绩、学分绩点直接相关，但慕课教学只是为了让学生了解自己的学习效果，即便近年来慕课课程的跨校学分系统得到有效建设，但慕课教学的评价效力还是远低于课堂教学。其次，在评价的流程上，传统课堂教学的学习评价会遵从既定的流程，采用统一标准，要保证所有参与评价的学生的公平性。但慕课的学习评价很多都不会给出成绩，也没有比较标准，评价过程也不会受到教授者的监督。另外，在评价的标准上，传统线下课堂教学的学习评价一般都有既定标准，例如 60 分及格。但慕课，根据设计团队的不同，其评价标准也存在差异，同时也会受到管理团队和授课教师的影响。

另外，慕课与传统课堂教学在学习评价方面最大的不同在于，存在一种新的评价方式——同学互评，即由学习者对一起学习的同伴进行评价。这种评价方式主观性相对较大，也曾被很多人质疑，但这种评价方式在社会学研究中发挥了巨大作用，其科学性已经得到有效证实。另外需要说明的是，慕课的同学互评与课堂教学的学生互评并不相同，课堂教学中学生之间相互认识，在进行评价时可能会受到彼此情感的影响；但在慕课教学中，学习者之间除了学习过程和专业交流，并无过多联系，因此评价的真实性与客观性相较其他群体间的同伴互评，更具真实性。

（4）民主平等的师生互动与教学管理。线下课堂教学模式，师生之间联系与沟通主要发生在课堂。而课堂上的师生互动绝大多数都是由于教师主导，与教学设计直接相关。在传统教学模式下，课堂教学仍是以教师讲授、学生听讲的形式进行，在教学过程中插入问答、讨论等互动环节，能够有效拉近师生关系，提高学生的参与度，改善教学效果。从互动角度对教师在课堂的行为进行分类，可分为以下方面：

第一，主教行为。教师作为教学互动的主要参与者，在传统教学模式下承担着知识传授与讲解的职责，需要完成语言介绍、文字与图像信息的呈现、肢体动作的配合，借助这些语言和非语言的表达完成知识传递过程，同时主教行为还包括由教师主导的学习活动、阅读过程、练习过程、师生讨论等行为。相对前面单纯的知识传递，后部分师生互动的环节能够更好地缓和课堂氛围，营建更加和谐的师生关系。

第二，助教行为。教师的助教行为主要包括在营造教学情境时的引导行为，以及课前导入环节和课后总结环节的行为。教师通过助教行为，激发学生的学习动机，引导学生的学习兴趣，并借助对各类现代教学工具的使用，丰富课堂教学呈现方式，增加学生新鲜感。

第三，管理行为。教师的管理行为主要包括在规范课堂秩序时的管理活动，包括对课堂规则的制定、对课堂时间的控制、对学生行为的纠正等。教师不仅要通过对课堂秩序的管理，保证教学活动的顺利进行，而且要选择合适的管理行为，辅助教学氛围的构建。

慕课的时长较短，对教师的行为表现有所限制，但上述三种教师行为也都在慕课中发挥着巨大作用。慕课与传统的线下课堂教学相比，还是存在诸多差异，首先是慕课的师生互动并不像线下课堂教学一样是实时的。慕课的课程视频每周上传一次，教师在上传新的课程视频前会通过慕课平台将课程计划发送给加入课程的学习者。学习者自己把握学习时间，完成学习任务，并在规定时间内上传作业内容。在这个过程中，尽管学习者的自主性起着关键作用，无论是对学习时间的把握，还是学习任务的完成、作业的上传，学习者都需要足够的自我约束力和自我管理能力。但是与此同时，教师的行为作用也不容忽视，例如教师在上传新课程视频前的通知、提交作业的提醒、课程视频中嵌入的问答、课程讲解过程、课程内容中的思考问题提出等。

另外，慕课还有一个传统课堂教学没有的重要组成部分，那就是学习社区。慕课的讲授者和学习者可以通过课程讨论区对课程内容、专业问题，以及各类相关信息进行交流、沟通、讨论。学习者在完成课程视频学习后，随时可以就不理解或感兴趣的内容参与到讨论中来。慕课的讲授者也会定期浏览讨论区中的问题和观点，对其中的专业问题进行解答，对合理观点进行吸收。但由于慕课规模性较大的特性，社区内学习者的数量占据绝对优势，所以参与讨论区讨论的多为学习者。

慕课的制作是由整个制作团队的通力合作完成的，一般在慕课课程视频上传后，也是由整个制作团队共同进行维护的。慕课制作团队的教师一般都会实时关注学习社区内的信息，并根据最新课程的要点建立新的讨论组，通过发帖、建圈等方式将课程学习者纳入其中，引导大家讨论分析，发现新观点、巩固新知识。同时教师还会对讨论组中学习者的反馈情况进行总结，对其中问题做出解答。相比传统教学课堂的师生交流，慕课的讨论区更像是线上论坛，学习者能够自由发言，教师与学习者间能够更平等地交流，学习者与学习者之间的讨论更加随意和丰富，不会受到课堂氛围的影响，也不会为某个话题所限制。正是这种自由性、开放性和包容性，让慕课在全世界范围内获得了相当的认可，也收获了更大规模的学习者。

但是大规模讨论也带来了巨量的管理工作，一般慕课学习社区和讨论组的管理是由课程制作团队完成，但当学习者规模过大、人数过多时，教师也会从活跃度较高的学习者中招募有余力、有意愿的，加入管理团队，参与社区管理工作。这些管理者需要对讨论组内的帖子进行分类和整理、维护讨论组的和谐环境、对其中的问题进行整理和分类等。除了对学习社区和讨论组的管理，有的还需要对学习者邮件进行处理。如何提高学习者对课程视频的黏性，培养学习者的学习意志和学习习惯等，已经成为慕课研究者重点关注的问题。慕课管理除了需要制作者团队、志愿学习者外，还要依靠一定的平台服务工具。其中最主要的就是各个慕课平台的课程导航系统、展示区等，这些系统模块和管理工具，为管理者进行课程服务提供了有效工具。除了平台自带的技术工具，还有很多专门为学习者开发的，用于课程评价与筛选的网站和小程序，如果壳网的 MOOC 学院，MOOC 学院将线上的慕课资源都进行了搜集与整合，并通过开发筛选程序，帮助学习者快速查找和选择自己需要的课程。另外，MOOC 学院还支持课程评价，学习者可以在 MOOC 学院论坛中对自己已学习的课程进行打分和评价，为之后的学习者提供参考，同时也拉近了学习者之间的关系，提高了学习社区内成员的活跃度，增进了有同样专业背景或同样兴趣的学习者的交流。

## 二、大学英语慕课教学的主要优势

第一，课程多。慕课经过多年发展，已经有海量的资源可供学习者选择。慕课平台上的课程资源覆盖了金融、管理、人文、社科、计算机技术、教育等学科。在内容方面，不仅包含化学、物理、代数、几何等基础学科，而且包含医学、计算机、金融经济等专业性较强的学科。同时这些教学资源并不全都是用英语讲解的，其中也包含很多中文、西班牙语、法语的教学内容。各慕课平台为方便学习者更好地获取教学资源，基本都配备了翻译团队和字幕组。

第二，形成语言使用环境。英语是一门语言学科，只有能说出来的语言才能被称为语言。慕课集结了全世界范围内学习资源和学习者，其中就有很多来自英语国家的学习者，能够为学生提供英语交流的平台，让学生真实地感受英语氛围，从而深化对英语知识的理解。

第三，扩大学生知识储备。课堂教学是我国大学英语教学的主要形式，但在大学阶段英语教学的课时并不多，教师要保证教学任务的完成，因此英语课堂的知识点一般都较为密集，其他内容相对较少，同时一节课下来学生很难再有精力去吸收更多相关知识。慕课的课程视频时长一般较短，且教学资料丰富，学生通过慕课可以获取大量有意思的背景知识，同时还能为学生提供在线讨论的空间，这对激发学生兴趣、丰富学生知识储备有非常大的帮助。

第四，提供能力培养平台。目前我国的高校教学仍以知识传授和技能教学为主，很少会关注学生能力的发展。一方面因为能力难以通过评价方法准确衡量；另一方面能力发展个体差异性较大，以能力为标准对学生进行评价有失公平。但对学生能力考察的忽视，却也影响了学校对学生各项能力培养的效果。在英语教学方面，传统课堂教学模式下，学生开口的机会很少，师生之间、生生之间的交流也很难照顾到所有人，学生的语言能力难以得到有效培养和锻炼。慕课教学，首先能为学生提供真实的语言环境，让学生逐渐沉浸到英语学习中去；其次能为学生提供有效的交流平台，让学生与外国学习者直接交流，体验英语交流环境；另外慕课丰富的教学资源也能让学生寻找到最适合自己的语言学习方法，切实从能力培养的角度来提高英语能力。

第五，平衡不同学生水平。在传统课堂教学模式下，学生学习全靠教师引导，教师水平的高低直接决定了学生的学习效果。但在慕课模式下，学生可以通过网络获取全世界范围内优质的教学资源，地区环境的影响被降到最低，只要学生有学习的需求，他就能获得优质的教学资源。慕课的开放性为学生提供了学习的机会，同时也为地区发展注入了新的力量，同时也照顾到了不同水平、不同阶段、不同基础的学生的个性化需求，这对于英语教学具有深远的意义。

## 三、大学英语慕课教学的注意要点

高校要全方面发挥慕课的积极作用，利用慕课的优势来进行英语教学，大学英语慕课教学需要注意以下方面：

### （一）共享教学资源

大学生需要庞大的教育资源来支持他们改变学习方式，只有合理搭建教育资源共享平台才能让大学生通过多种渠道和方式获得优质的教学资源，拥有更多的学习机会，才会更快更好地改变大学生的学习方式。

第一，全球共享教学资源。世界上有越来越多的著名大学都加入了慕课平台，并在慕课平台上分享了他们最好的课程，并向学生提供了不同文化和语言环境下的教学资源，教师和专家也在慕课平台上分享学习素材，并从不同的角度进行指导，让世界上任何人都能学到自己感兴趣的课程并确保优质的教育资源为全世界人所共有。

第二，学校间共享教育资源。在学校间教育资源的共享中，必须发挥名校、名课、名师的作用，开放教育资源，让一所学校的教育资源变成多所学校的教育资源，让学生受益于多所大学。教师也应该在慕课平台上分享自己的教学设计，互相学习，共同进步发展。

第三，校内教育资源共享，高校应创造一切必要条件，开放教育资源，更新完善教学设备，提供获得优质课程的机会和方式，让所有学生都能享受本校最好的教学资源。

### （二）创新教学方式

学生的学习方式就是教师教学方式的反映，要想达到良好的教学效果，帮助学生提高学习效率，教师对教学方式的改进与优化始终都是第一位的。首先，教师要从思维方式入手，转变教学观念，真正将培养学生能力放到教学任务的首位。让学生感受到自己的转变，从而促使学生做出改变；其次，教师应持续提升教学能力，尝试新的教学方法。高校教师必须要保持一颗开放的心，始终保持对新技术、新思想的关注，并在教学过程中积极尝试新方法，不断总结教学经验，提升教学能力。时刻保持创造性的课堂也会给学生带来新鲜感，激发学生的学习热情和创新思维；另外，及时调整教学方法，教师需要根据实际情况及时调整教学方法，合理利用教学资源，有意识地对不同教学方式的效果、作用和优劣进行总结和分析，总结出符合所在学校、自身风格和所教学科的教学方法。

例如，在高校英语教学中，教师就应多采取实践训练形式的教学方法，引导学生增加实践经验，通过亲口说、亲自参与交流过程来丰富对英语知识的认识。最后，丰富教学手段。随着计算机技术与多媒体设备的发展，教学手段不再局限于教科书、黑板和粉笔，教师可以借助多媒体设备对网络上更加丰富的教学资源进行展现，但在这个过程中也有很多教师为图省事，完全用视频资源代替了教学过程，或娱乐性的视频资料在教学过程中所占比例过大，严重影响了教学活动的正常展开。因此教师需要正确认识不同教学手段的价值，合理配置、灵活运用不同教学手段，既要为教学活动提供更多亮点，也要重视教学任务的有效完成。

### （三）重建师生关系

师生关系是影响学生学习方式的重要因素。传统教学模式下，教师与学生处于教导与被教导的位置，双方的平等性得不到有效尊重和体现，学生在学习过程中也很难获得自由发挥的机会，无疑会使学生学习的主动性和积极性受到压抑。在慕课环境下，教学方式发生巨大变化，要想最大程度发挥慕课的价值，必须提升学生的自主性和积极性，这就需要推进平等民主的新型师生关系建设。

第一，教师要转变自己的角色定位，在慕课教学中，教师扮演的更多是指导者的角色，不能再停留在传统教学模式下的课堂管理者、知识传递者上，要将课堂主体地位还给学生，让学生在自由的氛围下感受知识本身的魅力。

第二，教师应积极转变教学过程中与学生的交往方式，以平等尊重的态度对待学生的意见，转变之前师生之间单向的教导式交往，鼓励学生发表个人看法，促进交互式交流的形成与发展。同时还要鼓励学生在课堂上发言，增加学生与学生、学生与教师之间的沟通机会。

第三，创设更加民主的课堂氛围。营建更加和谐、民主的课堂氛围，能够缓解课堂的严肃感，降低面对教师的紧张感，减少学生心中根深蒂固的“畏惧”心理，同时要注意的是，在进行师生交往的时候，教师必须要是真诚的，必须要真诚地关心、热爱和尊重学生，希望通过自己的教学过程让学生收获更多专业知识、人生经验、职业资讯等，学生只有感受到这份真诚之后才会发自内心地理解和尊重教师。

## 第三节 大学英语的翻转课堂教学模式

大学英语教学改革要强化学生的英语素养以实现人的全面发展，提倡学生进行自主学习与教学方式和方法的多样化，高校英语教师要大力发挥其主观能动力，先要转变教育观念和角色定位，改进教学方式和手段，将课堂还给学生来发挥学生的主体性。这同样也体现了高校英语教学改革对教师的要求。翻转课堂教学模式应用于大学英语教学，可以提高教学效率，有利于大学英语教学的更好发展。

## 一、大学英语翻转课堂教学模式的特点

### （一）“翻转”师生的角色

#### 1. 教师角色的转变

（1）由学科知识的传授者转变为学生学习的指导者和促进者。在以往传统的课堂教学中，教师一般向学生进行直接知识灌输，而在翻转课堂中，学生的主体性被充分发挥，教师不再主宰课堂，将课堂还给学生，但是教师的主导作用在翻转课堂中被放大了，可以更好地对学生进行学习上的指导。在翻转课堂中，教师对于一些学习活动的组织策略如小组学习、角色扮演、基于问题的学习、基于项目的学习等必须要熟悉且熟练使用。

（2）由教学内容的机械传递者转变为学习资源的开发者和提供者。在翻转课堂教学模式中，教师在学生课外学习前向其提供课外学习的资源，这样可以使学生更好地进行课外学习。教师可以根据学生的现实情况开发教学资源，有利于翻转课堂更好地展开。学生遇到问题，教师应该及时处理。所以，教师要提供学生学习时的“脚手架”，方便学生获取更好的学习资源，更快地处理问题。

#### 2. 学生角色的转变

在翻转课堂教学模式中，学习的决定权由教师转向学生，学生由传统的接受知识的角色转变为自定步调的学习者。作为翻转课堂中的主角，学生不再被动地接受知识的灌输，而是根据需要对学习内容、学习方法、学习实践、学习地点进行控制。在翻转课堂中，知识的理解与内化需要通过小组写作的形式来完成。另外，一部分内化知识较快的学生可以将自己知识的消费者身份转变为知识的生产者，这部分学生可以担任“教师”的角色来对一些学习进程慢的同学进行指导。

#### 3. 建立新型的师生关系

在翻转课堂教学模式中，教师要以学生为中心，学生在家观看视频学习和在课堂上与同学、教师交流，都体现了这一点。在翻转课堂教学模式中，和谐师生关系的重构表现为学生可以自己控制课外学习的进度，针对一些问题可以与同学、教师交流，具有学习的主

体性和主动权。正是因为教师将课堂还给学生，让学生先自主学习，教师再对其进行指导建立知识体系，真正地以学生为中心，才能更好地构建和谐师生关系。值得一提的是，教师根据不同层次学生进行分组，有利于学生们培养合作的能力，促进学生全体全面地发展，建立新型师生、生生关系。

### （二）“翻转”教学的环境

科技发展使翻转课堂的普遍实现变得可行，传统课堂的教学工具一般只包括黑板、粉笔、教材、课件等内容，而翻转课堂不仅包含这些，更有线上教学资源和智能设备。在翻转课堂教学模式中，教师将课外学生要学习的资源展示给学生，学生在课外自主学习后，教师需要对学生课外学习的效果进行一定的评价，从而掌握学生的学习效果，以便于更好地进行教学活动。学生们也可以在线上进行交流，共同学习，共同进步。

### （三）自主安排学习时间

在翻转课堂中，学生的课外学习时间完全由自己支配，学生还可以利用碎片化的时间进行教学视频的观看，这都得益于现代科技的发展。在这样的条件下，学生可以自主地控制学习进程：对于难度较大、较难理解的部分可以暂停思考或者重复观看，对于一些简单的可以加快速度，对于无关紧要的可以跳过。另外，学生还可以在网络上就一些学习上的问题与教师和同学进行交流。学生的时间可以自主安排，这在传统教学中是难以想象的，有助于学生成为知识的主动建构者。

### （四）进行个性化的教学

传统教学注重群体教学，而在翻转课堂中，实现了个别教学与群体教学相结合。翻转课堂教学模式注重教学的异步性的基础是认识到个体发展的速度不同，不同的学生各自的情况是不同的，他们具有不同的智力发展倾向和发展潜能。在传统教学模式下，教师传授给学生知识时，无法兼顾每一个学生的学习进度，因为每个人的学习能力与接受能力不同，学习能力强的人可以较快吸收内化知识，而有的学生需要更多的时间去理解知识。以往的教学要求学生在统一的安排下掌握教师所传授的知识，达到统一的要求，这是不符合人的发展规律和个人学情的。

在翻转课堂的课外学习环节，学生对自己课前学习的进程进行自我把握，对学习内容的掌握情况进行调整，这体现了异步的特点。另外值得一提的是，在课堂上采用更频繁的探究活动，教师也可以因材施教，促进学生个体化发展。翻转课堂的异步性对于改革传统课堂教学模式有着重要意义，有利于学生自发性的学习和全面发展。异步教学教师指导异步化、学生学习个体化、教学活动过程化和教学内容问题化在翻转课堂中十分明显。

## 二、大学英语翻转课堂教学模式的步骤

实际教学中的翻转课堂教学步骤可以分为以下方面：

### （一）课前教学内容选择和制作

学生自主学习的视频资源需要教师根据教学目的、教学内容、教学方法等来决定是从网络上寻找资源还是自己制作教学视频。从网络上学习教学资源可以通过两方面来进行：一是一些可以从网络上寻找到的理科公共课程资源；二是中国国家精品课程、一些名校的公开课等也可以从网络上找到资源。网络上的资源在节省教师制作视频课程的时间的同时，也可以将教师要上镜的压力消去，同样可以保证教育资源得到有效利用。教师自己制作教学视频虽然更耗费精力和时间，但是教师可以因材施教，例如，教师可以引入一些有趣的例子来引发学生的兴趣，在英语翻转课堂教学中，可以适当地加入一些较难的词汇和注释来促进学生加深英语的学习和英语相关知识的拓展；在制作视频时可以运用多种方式来提升视频的质量，如增强声音的感染力、运用修辞手法、控制视频的长度等。相较于在网络上寻找资源，一些信息技术素养较高的教师自己制作视频虽然耗时耗力，但是效果可能更好。

### （二）课中教师教学的智慧导引

学生在课外自主学习的后视频阶段的学习非常重要，这一阶段能彰显出自主学习是否有效。前一天的课外学习将为课堂教学奠定坚实的基础。在课堂教学中，教师需要根据不同的情况对学生进行针对性的教育，因材施教才能使翻转课堂教学模式发挥出真正的作用。在翻转课堂教学开始之前，教师在制作教学资源前就将学生在学习中可能遇到的问题进行假设，在课堂教学中，教师对于学生提出的问题直接给出解答或让学生自主或者协作进行探究，通过教师的引导来解决学生的疑惑，在这个过程中，教师需要密切关注各个学生的学习情况，因材施教，教师的教育智慧也会在其中得到锻炼和加强。

### （三）课后学习知识的总结升华

学生们在经历了课外自主学习和课堂教师主导的知识吸收后，对于教学的内容和知识点有了必要的把握，但是这些知识并没有系统地串联起来，只是孤立地存在于学生们的脑

海中，不能应用到生活当中去。知识仅停留在认识的层面上是不会发挥作用的，进行学习时，应基于对知识的认识，对新的思想和内容进行批判性的学习，在原有知识的基础上广纳新知，建立完善的知识体系。学生只有在获取知识的基础上，辅以相应的技能，能够独立思考、解决问题，才能够真正地将知识化为已用。学生需要在了解知识的基础上懂得如何使用，而且要用得更加艺术、更加有效。在翻转课堂教学实践中，教师在设计课程时可以针对“知识点组”向学生们布置课外拓展的任务，让学生可以在实践中体会知识的应用。通过对知识的反思和应用实践，学生在课后才能使知识真正地系统地成为自身知识体系的一部分。

## 三、大学英语翻转课堂教学的重要价值

### （一）增强学生学习动机

翻转课堂教学模式有利于增强学生的学习动机。通过翻转课堂教学模式的落实，学生可以进行课外学习，而且能够根据自身的进度把握学习进度，在课上学生们自主探究和合作交流的比例比传统课堂增加，学生的主体性得到了发挥，这些都有利于学生学习动机的增强。通过翻转课堂教学模式的实施，学生的学习态度会变得更加积极。翻转课堂采用了先课外学习，随后课上探究、讨论的方式，大部分学生对于课外观看视频都十分地感兴趣，这不同于学生在传统教学课上被动学习，翻转课堂教学模式中在课前学习知识和课上解决问题都是学生主动学习的表现。

采用翻转课堂教学模式后，学生的学习将变得更加自主，作为翻转课堂教学最重要的目标，学生的自主学习也是翻转课堂教学的核心要素，要求学生要为自己的学习负责。学生学习更加自主的表现为：首先是学生自主确定学习目标，自定学习目标充分考虑了自身的情况，符合实际；其次是学生为了达到自定的学习目标而努力，学生课前自主学习和课上探究、解决问题都是为了目标而努力；最后使用合适的手段来证实自身学习目标的实现。实施翻转课堂有利于学生按照自身的进度进行学习，有利于学生对所学知识进行灵活运用。

在高校教学中，将传统课堂转变为翻转课堂后，一定会有阵痛期，这使得学生还陷在以往传统的教学观念和教学模式中，不能很好地适应，对于教师控制其学习进度的依赖比较明显，难以进行课外自主学习和独立思考。学生需要一定的时间来适应翻转课堂教学模式，根据情况的不同，每个学生适应所需要的时间长短也就不同。

### （二）密切师生之间关系

采用翻转课堂教学模式，教师与很多学生可以更加频繁地交流，课堂上的学习氛围也更加积极，师生之间的关系变得融洽和谐。翻转课堂教学模式可以保持教师与学生的之间友好密切的关系，翻转课堂教学模式提升了师生交流的频率与质量。翻转课堂教学模式中，教师仍然是主导，学生课前的自主学习不能代替教师的作用，视频只是起到了辅助作用。翻转课堂充分利用了学生的课前学习和课堂上的时间，将二者有机结合。在翻转课堂教学模式中，教师在课上拥有更多的时间来指导学生，通过一对一的交流，教师可以实施针对性的教学策略，这是传统课堂不能做到的。师生之间交流的频繁有利于师生良好关系的建立和密切交流。所以翻转课堂对于高校教学中的师生关系有着很大的助力。

### （三）转变学生行为表现

在施行翻转课堂教学模式后，学生们的学习行为和日常行为表现会变得更好。在翻转课堂教学模式的课外，学生将付出时间和精力投入到课外自主学习中，在翻转课堂教学模式的课内，学生在上课时主体性得到发挥，课上的时间都被运用到小组探究、讨论和解决问题等方面，可以更加集中精力，课堂的秩序和管理也得到了改善。

## 四、大学英语翻转课堂教学的具体实施

### （一）英语教学过程设计

1. 确定课外学习目标

在大学英语教学中，采用翻转课堂的教学模式进行教学设计时，应该先确定课外学习目标。在大学英语翻转课堂教学模式中，课外教学与课内教学的位置发生了互换，大学生们一共需要将知识的内化过程完成两次，在课外自主学习知识是大学生第一次内化知识的过程，在课内是第二次内化知识的过程。要先确定大学生的课外学习目标才能进行下一步的设计。

2. 选择课程翻转内容

由于课外和课内的教学要求不同，大学生们在课外和课内的学习目标也就不同。作为低阶思维的目标，课外学习目标在确立后，要根据大学生的发展状况、特点和规律去选择合适的课外学习内容。

### 3. 选择内容传递方式

在确立并选择好学生课外学习目标和翻转内容后，下一步进行内容传递方式的选择。选择内容传递的方式就是将学生在课外自主学习的内容表达出来的工具。选择内容传递方式时，需要遵循传递内容形式丰富、获取方便、传递速度快、有利于学生个性化发展的原则。内容传递方式的选择受到多方面因素的影响，如学习内容的形式、学习者的地理位置、资源大小和接收设备情况等。

### 4. 准备课程教学资源

在完成前三个步骤的前提下，教师应该自己制作学习资源或寻找适合学生的学习资源。在这一步骤中，准备的教学资源应该与教学内容相匹配，并且要符合选择内容传递方式的原则。

### 5. 确定课内学习目标

接下来要进行的是确定学生课内的学习目标，在前面的步骤中，我们将课外学习目标称为低阶思维的学习目标，相对应的，我们将课内学习目标称为高阶思维目标。课内学习目标主要针对的是分析、评估和创造等内容，不同于课外学习目标，原因是课内学习目标要求学生通过与教师和同学们的交流和合作来开展教学活动，课外学习目标要求学生更多地进行识记、理解学习内容等。

### 6. 选择具体评价方式

无论是学生还是教师，在进行翻转课堂模式的教学活动前都要做好充足的准备，而选择合适的评价方式是非常重要的。于教师而言，低风险的评价方式不仅可以对学生进行传统方式的评价，还可以及时发现学生在学习中遇到的问题，是在翻转课堂教学模式中的理想评价方式。教师可以通过发现学生在学习上遇到的困难来调整教学计划。在低风险评价方式中，课前小测验是最常见的。一般而言，可以通过3~4个问题的课前小测验来对学生课外学习的成果进行评价。

翻转课堂教学活动中的课前小测验可以使学生运用到自己在课外学习的知识。课前小测验对学生和教师都有一定的反馈作用，学生可以就遇到的困难向教师询问，教师可以就学生在测验中的问题给出建议，教师和学生通过交流来完成这一环节。

### 7. 设计针对性教学活动

在选择了翻转课堂教学模式的教学评价方式后，教师需要根据学生在学习上遇到的困难进行针对性的教学活动的设计，通过指引性的翻转课堂教学模式来对学生进行培养，以便学生的分析、评估和创造等高阶目标技能的养成。设计教学活动时，可以基于问题的学习、协作探究学习和项目的学习等形式。

8. 辅导学生吸收和巩固

翻转课堂教学模式的教学过程设计中，辅导学生是最后一个步骤。在新时代，教师是学生学习的引导者，只有发挥好教师的主导作用，才能使教学活动的效果最大化。在翻转课堂教学模式的教学活动中，教师需要为学生的学习活动进行引导并提供相应的支持，除此之外，教师还需要针对不同的学生因材施教，针对学生学习方面薄弱的地方进行针对性的指导。教师在学生的学习中扮演重要的角色，在翻转课堂教学模式中，教师和学生要进行及时的交流，教师要对学生进行统一的总结和反馈，这样才能够促进学生对知识的吸收和巩固。

### （二）英语教学资源开发

1. 信息化教学的资源

教学资源是在教学过程中涉及的设备、材料、人员、设施和预算等所有能够投入到教学过程的东西，科技的进步带动社会的发展，在当前的信息社会中，信息化的教学资源也就随之而来，信息化教学资源包括教学人力资源、教学环境资源和教学信息资源，是在网络环境下为实现教学目标而服务的资源。

翻转课堂教学模式是在信息化教学资源出现后才被提出和应用的。根据上述大学英语翻转课堂教学过程的设计可以得出，在翻转课堂教学模式中，学习任务单、教学视频、进阶练习、知识地图和学习管理系统等信息化教学资源是在翻转课堂上常用的类型。

除上述教学资源外，教学辅助工具软件是翻转课堂的一项重要资源。在翻转课堂中信息化教学资源被大量应用，根据教师教学方式的不同和课程内容的不同，教师需要运用教学辅助工具来实现教学资源的制作和学生学习成果的展示等。可以将教学辅助工具进行分类，分别为视频制作工具、交流讨论工具、成果展示工具和协作探究工具四类。

2. 遵循资源选择原则

翻转课堂教学模式所需要的教学资源多种多样，每一类都有各自不同的特点，而且每类资源中能够实际应用到翻转课堂教学模式的也有很多。面对这么多的教学资源，教师要对教学内容、教学方法、学生情况等进行分析，从而甄别出大学生英语翻转课堂适用的资源。在选择教学资源时，需要遵循以下原则：

（1）最优选择原则。最优选择原则是从可以选择的多个方案中选择一个最适合的方案。在大学英语翻转课堂教学模式中，教师要根据教学目标、学生发展情况和教学内容等选择合适的教学资源。

（2）具有较强兼容性原则。具有较强兼容性原则是所选择教学资源要兼容学生所持有的设备。科技的发展使人们进入了信息时代，人们的学习生活中，智能设备的大量使用使得翻转课堂教学模式的实现成为可能。手机等智能设备的出现使大学英语教学发生了变革，变得合理和高效。在大学英语翻转课堂中，学生的课外学习需要运用手机等智能设备，在课内学习中，教师要运用智能设备讲授课业。这就需要在大学英语翻转课堂教学模式采用的教学资源要能够在多数的智能设备上完美呈现。

（3）多种媒体组合原则。大学英语教学翻转课堂的教学资源形式可以包括文字之外的图片、视频、声音等形式，综合利用教学资源形式就是多种媒体组合原则，多种媒体组合原则体现了教学活动中以学生为本的原则。

### （三）英语教学活动设计

大学英语课堂翻转教学的教学活动和设计有两方面的内容，分别是课外活动设计和课内活动设计。

#### 1. 设计英语课外活动

（1）在线学习。在在线学习的过程中，学生要先进行自主学习，了解课程内容，掌握主要信息，自主学习的主要方式是观看教师准备的教学视频、电子教材和资料等。在一些教师准备的教学视频中还可以添加一些激发学生兴趣的材料、问题和例题等来增强学生在线自主学习的效果。

（2）交流讨论。教师和学生在课外学习活动中的交流讨论是通过在线交流工具和讨论区来实现的。交流的主体可以是教师指定的，也可以是学生通过讨论指定。经过交流和讨论，有利于学生对课外自主学习知识的掌握。

（3）在线测评。课外活动设计的最后一步是在线测评。在经过课外自主在线学习后，教师需要对学生对知识的掌握情况进行一定的了解，这就需要在线测评发挥作用了。在线测评在检验学生在线学习效果的基础上，提供了教师解决学生问题的机会，也为之后的课内教学活动奠定基础。

#### 2. 设计英语课内活动

课内学习活动可以分为两种：第一种是个体学习活动；第二种是小组学习活动。根据翻转课堂的特点可知，影响大学英语翻转课堂教学最重要的一点是课内教学活动中学生知识内化的情况。在进行大学英语教学翻转课堂的课内活动时，需要留意翻转课堂教学要素是否有利于学生发挥其主体性来达到课内教学活动的目标。

# 第六章 大学英语的多维互动教学模式研究

## 第一节 大学英语多维互动教学模式及其成效

### 一、大学英语多维互动教学模式的理论基础

“在大学英语教学中采用多维互动的教学模式不仅可以激发学生的学习兴趣、调动学生的学习热情，还能够帮助教师营造一个良好的教学环境，从而提高学生的英语素质”①。作为一套较为完整的大学英语教学新模式，大学英语多维互动教学模式立足于英语教学实践，并有效发挥了科学教学理论的指导作用，满足了现阶段全国大学英语教学改革的需要，有助于大学生英语综合应用能力的提高，能够为现代社会的发展培养大批优秀的复合型人才。与此同时，为了使学生与我国经济发展和国际交流的现实需要相适应，要确保学生的合作学习精神、自主学习能力、综合文化素养等得到同步提升，而这也是大学英语多维互动教学模式的根本目标，并与教育部提出的大学英语教学改革目标相吻合。

作为一种以多种教育学理论为基础建立而成的全新教学模式，大学英语多维互动教学模式沿用了外语教学中较为常见的折中主义教学法，并融入了科学的二语习得理论，立足于我国学生的学习特点和学习习惯。在该教学模式中，学生是主体、教师是主导，师生积极参与教学过程是重要保障，对学生个性发展和语言学习规律的尊重是基本前提，其最重要目标在于培养学生的合作学习精神，促进学生的个性化和创造性发展。对学生课堂上的口语活动进行检查，以发挥其对学生课下课文预习的有效督促，同时为学生的语言知识输入创设机会，从而实现学生自主学习能力的提升，这是大学英语多维互动教学模式的基本

① 王子彦. 关于大学英语多维互动教学模式的行动研究［J］. 当代教育实践与教学研究（电子刊），2016（12）：412.

教学理念。与此同时，对学生在课内外的英语应用予以鼓励，提供更多的机会，让学生勇于用英语进行自我表达，既提高学生的英语语言应用能力，又培养学生学习英语过程中的情感因素；在学能评价体系中，通过有机融合终结性评价和形成性评估，进一步强化教学过程控制，从而使学生对课外口语学习的积极性和动力得到有效激发；学生可持续性发展语言能力的获得，也得益于这种教学模式所提供的第二语言习得环境，从而保证了学生语言学习的真实性，使学生语言的产出机会得到了有效增加。

行动研究的操作方法在大学英语多维互动教学模式的实践中具有重要的指导意义，即研究计划和实施措施的制订，以及研究过程的实践行动，都要以教学实际中问题的发现和确定为前提，在此基础上，要在二语习得理论和教育学理论指导下假设性分析行动研究效果。日常教学中存在的亟待解决的问题是制订大学英语多维互动教学模式中各项行动计划、实施各项互动措施的根本出发点，而不是从理论研究的角度出发展开研究。教师不仅要全程、全面参与研究过程，更要在对行动研究过后，及时反思、分析和研究教学事件以修正其中的问题和不足，并对研究计划和措施进行调整，同时，以社会制度、教育制度等不同切入点来探究教学中出现的各种问题，以促进现状的改革和教学目标的实现。

为了确保大学英语多维教学模式实施过程的有效化，需要为其提供强有力的政策保障，其中成效显著的方法就是建立一整套涵盖学校行政管理部门（如高教研究室、学工部、人事处和教务处等）、大学英语教学部，以及外国语学院在内的教学管理文件和奖惩措施，比如，留学生活动制度、教学督导制度、教师授课基本要求以及教学考核规范、学籍和学分管理、课程考试体系等。除此之外，随着现代信息技术的迅猛发展，现代信息技术，尤其是网络技术在大学英语多维互动英语教学模式中也已实现了广泛应用，在多元化校园英语文化建设和现代化教学手段（如语言实验室、多媒体和网络课件等）的综合作用下，学生的英语学习突破了时空的双重局限，更加自由和自主。除此之外，为了积极推进该教学模式的顺利实施，各个学院也将积极组织多元英语活动，如英语辩论赛、英语剧表演赛以及英语演讲比赛等，这些活动的开展大大提升了英语口语练习氛围的和谐性，从而对大学英语多维互动英语教学模式的正常进展和有效推进发挥了重要的促进作用。

## 二、大学英语多维互动教学模式的策略及成效

大学英语多维互动教学模式不同于传统的英语教学，传统的英语教学主要集中在课堂，而英语交流等方面，仅仅通过课堂不能够保证学生的全面发展，因此需要通过多维互动教学这样在实践中学习的教学模式去学习英语，进一步帮助学生提高在听说读写等各方面的能力。传统的英语教学模式，学生亲身实践的机会较少，所以通过英语来进行交流的

机会也少之又少。因此，在培养国际交流人才方面，可能会出现断层现象。随着社会的不断发展，我国与国际上的交流越来越频繁，为英语专业学生提供了更广阔的工作机会，但是如果学生在学习期间英语学习效果不佳，就无法很好地在工作交流中加以运用。另外，由于部分学生对英语的兴趣不足，学生没有充足的动力去进行学习与实践，而在传统的英语课堂上也很少有进行多维互动的机会，这不利于英语专业学生综合素养的提升，英语教学质量不能保证。

## （一）大学英语多维互动教学模式的策略方法

### 1. 改变传统教学理念

在进行大学英语多维互动教学时，需具备以下理念：

第一，需要对大学英语的教学理念进行科学转变，重新树立正确的教学理念，以此为基础，才能确保高校的大学英语教学对多维互动教学模式进行更有效的应用。在具体开展教学活动时，教师需要确保以人为本，保障学生的主体地位。如果学生在学习过程中丧失积极性，则无法对其课堂教学效果进行更高程度的保障，以教师为中心的传统课堂形式对学生知识构建具有一定程度的不利影响。基于此，教师需要对学生进行独立性和主动性的培养，确保在开展教学活动中能够更科学合理地实现多维互动，在此过程中需要培养学生的问题意识，对学生探索欲望和好奇心进行有效的激发，确保学生在日常生活中能够对所学知识进行有效的应用，学会创新。

在大学英语教学中，学生之间进行有效互动的交流能在一定程度内提升英语学习效果，保障学生个性发展。通常情况下，同学之间的交流能够使学生行为、情感和思想方面的障碍和差异得到有效消除，在具体开展大学英语教学活动时，教师需要高度重视学生个体之间的互动交流，引导学生大胆质疑，对学生的错误行为及时纠正，确保学生共同发展。教师要想提高小组合作的教学效果，就需要科学构建互动小组。在此过程中，教师需要基于相关原则和教学规律合理划分不同小组，同时在小组内设置组长。

第二，教师在进行教学活动时要充分发挥自身的引导作用，为小组讨论设置方向和主题，小组成员为了有效解决问题进行合理分工，在讨论过程中，如果小组内成员意见不统一，则教师需要对其进行有效引导。同时，教师还要实时观察各小组讨论的具体情况。

第三，学生以小组为单位分享讨论结果。在教学中，为了有效提升学生的语感，对其语言表达能力进行合理的培养，教师要对学生进行科学分组，引导学生模拟教材文本的人物，确保学生之间进行有效的互动交流，保证学生能够综合全面地应用所学知识。除此之外，教师还要开展丰富多彩的课外教学活动，引导学生积极参与课外拓展学习，使其在日常生活中正确应用英语知识，明确学习英语的重要价值，对其英语综合素质进行有效巩固和提升。

2. 确保学生主体地位

在进行多维互动教学中，教师要保障学生的主体地位，以学生为基础建立互动网络，对其课堂互动维度进行有效拓展，确保学生能够积极地参与课堂教学，从而保证课堂参与效果。在高校英语教学过程中，应用多维互动教学模式时，教师还要尊重学生个体，基于学生个体差异和整体特征为课堂互动预留充分的时间，确保学生能够与文本、教材和同学进行更为有效的互动，确保学生在互动过程中发表个人见解和体会。基于各种不同观点科学组织课堂讨论，合理优化课堂氛围，确保其开放性和活跃性。在此过程中，教师可对学生进行引导，在实现多维互动教学时，教师不仅向学生传授知识，同时还要对学生进行科学引导，确保组织的课堂能够更高程度地达到学习目标要求。引导学生在互动过程中能够进一步展示自我价值，在多维互动中对学生进行科学引导，让学生能够对课堂知识进行更为深入的探索与理解。

3. 增强师生情感交流

教师开展大学英语教学时需要基于多维互动教学理念，对师生关系进行合理梳理，从情感和知识等多个方面与学生进行平等交流，通过师生关系延伸出一定程度的多维互动。在具体实现师生互动时，教师需要突破师生身份的隔阂，与学生进行平等对话。通常情况下，大学生情感认识已经逐渐成熟，希望与教师进行平等有效的交流。基于此，教师更需要与学生进行课堂情感交流，进行情感因素的合理渗透，明确学生在具体学习过程中遇到的各种问题，并对其进行针对性解决，科学构建良好的师生关系。

4. 改进英语教学形式

开展大学英语教学活动时，教师需要科学改进教学形式，保障学生自主学习能力得到充分的发挥，应用多种形式和方法对课堂教学内容进行合理扩充，进而在一定程度内优化教学模式。在具体开展课堂教学活动时，教师可利用角色互换、小组合作、问题导学、创设情景等多种方式进行教学，确保学生、教师及同学之间进行有效的沟通交流。同时，教师在课堂上还需要鼓励学生说出个人的想法，为学生营造良好、平和的学习环境，使学生在学习过程中自如地回答问题，积极发言，对其语感和语言表达能力进行科学锻炼与提升，教师要由原来在教学中的主体地位转变为课堂的组织者及学生学习的指导者，引导学生主动学习，实现大学英语课堂教学效率和教学水平的有效提升。

5. 建构良好的学习氛围

在进行大学英语多维互动教学时，语言学习氛围的科学创建是其教育工作开展的重要基础。基于此，教师应科学构建良好的学习环境。例如，通过小组活动或情景再现等方式开展英语教学，不断提高学生对语言学习的兴趣，学习环境的合理营造还可以在一定程度内提升学生学习的积极性和主动性，实现学生语言应用能力的有效提升。开展教学活动时，教师必须重视学生的个体差异，基于学生具体情况合理应用多种方式对学生进行科学引导，确保更高程度实现教学目标。与此同时，教师还需要时刻关注学生的学习状况。就我国现阶段而言，英语考试成绩是评价课堂学习效果的重要指标，但是在具体进行教学评价时，教师不仅要关注学生的成绩，还要对其学习过程进行合理的把控及分析，促进学生的全面发展。学生在学习过程中不可避免会出现各种问题，教师必须对其有正确的认识。

6. 适时丰富教学活动

高校在进行大学英语教学时，合理丰富教学活动能够确保学生在课堂上进行更有效的多元互动。首先，在进行多维互动教学时，教师创设多种教学活动，从多个维度和角度开展课堂教学，能有效增强生生之间和师生之间的互动。不仅要引导师生之间进行有效问答，还需要进一步确保学生与学生之间进行有效的讨论和小组采访活动。教师可以引导学生自由形成小组，开展辩论活动或模拟人物情景。与此同时，教师还需要鼓励学生树立自信心，引导学生共同创设部分教学活动，使其实践教学具有更高的趣味性与参与性。其次，在实现多维互动教学时，教师还需要进行多种教学评价活动的合理创设，鼓励学生发展和进步。在此过程中，教师应丰富评价主体，引导学生互相评价和自我评价，展现学习成果，并对其进行综合讨论，确保学生个体能够共同进步。

### （二）大学英语多维互动教学模式的相关成效

第一，提高学生兴趣，帮助学生积累学习经验。随着社会的发展，素质教育越来越被重视。素质教育的中心不是教师，而是学生，要将以往传统意义上的教师教学为主转换为尊重学生个人为主。在大学英语教学过程中，教师要将自己的地位和学生的地位放在同一水平线上，尊重学生的个性，不能只以灌输英语知识为目的进行教学，而放弃了指导学生积累听、说、读、写的经验。

第二，创新了英语教学模式，吸引学生目光。在传统英语教学中，往往容易忽视英语的本质，轻视英语教育中听、说、读、写和理论知识相结合的重要性。而多维互动教学模式的广泛应用可以很好地解决这一问题，在抛弃传统英语教学中的不足之外，还能弥补不足。传统英语教学中，对英语文化知识的讲解不能做到高效，而多维互动教学可以很轻易地将英语知识、技巧、注意事项、实际过程、包含的细节等传统英语不能轻易做到的方面通过多维互动教学来展现给学生，一方面多维互动教学的应用提高了学生对英语的兴趣，弥补了传统英语教学的不足；另一方面也丰富了英语教学模式的多样化，吸引学生对英语学习的目光，使学生更加愿意花费时间在英语学习上。

第三，帮助学生记忆，增加学生英语学习自信心。对于多维互动教学模式在大学英语中的应用，通常情况下，英语教学通过各种实践，将知识点清晰地呈现出来，在实践中学习，在实践中培养学生英语综合水平。它能够融合地将知识点生动并且深刻地展示给学生，使知识从杂乱无章变得有理有序，因此它大大地降低了学生记忆的难度。对于英语学习中的语法、单词等，这些都是需要去梳理才能够达到高效率记忆的。

对很多学生而言，背单词、背句子、背语法知识点等，都是他们英语学习中的难点，也是他们放弃学习英语的原因。这些学生往往缺乏的就是学习的耐力，没有一个良好的学习习惯，更没有高效的学习方式。在学习英语的同时，也在不断地积累英语知识的漏洞，久而久之漏洞就会变得无法弥补，从而逐渐地对学习失去信心甚至直接放弃学习英语，从而开启了学习道路上的恶性循环。然而通过多维互动教学呈现的教学，通过实践来进行记忆的知识往往是不容易忘记的，学生能轻易地记忆关键知识点，从而逐渐地对英语的学习恢复信心，充分地开发出学生大脑的思维潜力和记忆潜力，由此学生也会更有信心和耐力去主动学习英语。

总而言之，多维互动教学模式的运用在很大程度上提高了学生学习的积极性，锻炼了学生运用英语沟通交流的能力。所以，应该在大学英语教学中实施多维互动教学模式。

## 第二节 在线教学背景下的多维互动教学模式创新

### 一、多维互动教学模式与大学英语教学相结合的意义

“大学英语具有承上启下的教学作用，丰富的英语词汇储备和良好的口语表达能力对学生的后期成长和生活都有重要的影响”①。目前很多高校都在推行不同模式的英语教学改革，但是从总体来看，仍有很多教师继续沿用传统的教学法向学生传授课本知识，教师在课堂上仍然发挥着主导作用，学生处于接受知识单向传输的被动地位，学生主动寻求知识的积极性受到了抑制，不利于学生对知识体系的主动构建，也不利于学生创新能力和实践能力的提高。多维互动教学模式是一种以学生为主体，以互动教学理论为基础，多主体、多层次、分阶段的集成性互动教学模式。该模式利用多种教学方式构建学习型课堂，

① 陈琛，李小花，周芬芬. 多维互动教学模式在高校英语教学中的实践与应用［J］. 现代英语，2022（8）：9.

鼓励学生通过多渠道主动构建知识体系，在课堂上积极发言，旨在提升学生综合素质，提高学生的学习主动性，促进师生之间、学生之间的良性互动，提高课堂的学习效率。多维互动教学模式与高校英语教学有机结合，能更好地突出学生在教学中的主体地位，使教师从原来的主导作用转变为辅助和引导作用，同时拉近师生之间的距离，有利于践行从“以教师为主”的课堂向“以学生为主”的课堂转变，提高课堂教学质量。

## 二、多维互动教学模式与大学英语教学相结合的策略

### （一）建构多元主体的多维互动生态系统

在线教学条件下有效组织教学活动，既要使教师能真正承担起学生学习活动的组织者和引导者的责任，又能使学生充分发挥其在教学活动中的主体作用，“师生平等”的双主体理念已经被越来越多的教师接受并采纳。学生群体在整个生态系统中起着承上启下的作用，学生群体既包括大的单位，也包含为教学活动的顺利开展而专门组织的学习小组，这些学习小组由学生自由组合、自主推举组长，也可以打破班级的界限跨班级组队。学习小组在教学活动中起着非常重要的功能性作用，包括组织问题讨论、角色扮演和课堂展示等，每个学生在小组活动中都能获得公平的互动机会。在这个多元主体的多维互动生态系统中，所有的教学活动都围绕学生的需求展开，使学生在教学活动中的主体地位得以凸显。

### （二）搭建高效率多层次的多维互动网络

为了在特殊环境下提升教学质量，高校可以采用线上慕课与翻转课堂在线直播与钉钉群答疑相结合的教学模式。为了督促学生学习，提升学生参与慕课学习的效果，教师应在直播课开课前搜集学生在慕课学习过程中遇到的问题并答疑。同时，为了提高效率，也为了加强学生相互之间的交流，要充分发挥学生学习小组的作用，要求每个学习小组自己组建一个小的学习群。

每个学生在学完一章的慕课内容后，首先是在自己的学习小组群里就不懂的地方提出问题，由各组组长负责，组员们一起集思广益，查阅文献，共同作答，把问题解决。其次是由各组组长将每个组员的提问、小组通过讨论后形成的问题答案汇总。特别是经过讨论仍然解决不了的问题汇总成文件在规定的时间内提交给任课教师，在小组群里的交流情况也需要截屏发给教师。针对每个小组汇总提出的问题，教师需要检查学生自己认为已解决问题的回答是否正确，根据小组讨论的截屏判断每个学生参与讨论的情况和学习态度，特

别是对讨论后仍然没有解决的问题，由教师在直播翻转课堂上做出统一解答。

从学生的角度来说，这种方式效率更高，能促进学生之间的交流。由于每个同学学习的时候关注点会有差别，其他同学的提问可能正好是自己之前没有注意到的问题，或者是其他人提出来以后才发现自己其实也不是很明白，所以这种方式能查漏补缺，促进同学们相互学习，相互启发。学生会主动去查阅资料，在帮助同学解答问题的过程中能主动思考，一些相对简单的问题通过讨论和思考就能自己解决，提高了其分析和解决问题的能力，也提高了学习效率，如果还不懂的问题就会注意去听老师在直播课堂中的解答，效果会更好。另外，由于小组成员相互之间都比较熟悉，有问题的时候可以随时发问，提出问题和讨论问题的时候更能畅所欲言，相比单独面对教师提问的时候压力要小，学生也能思考一些更深层次的问题。

从教师的角度来说，这样做主要是减少了回答过于简单的问题的无效时间，提高了工作效率。而且，教师会在课后公示学生提出的问题和教师的答案，勾选出高质量的、有讨论价值的问题，通过对比分析，让学生懂得应该怎样才能提出好问题。只要教师能给予学生充分的信任和学习主导权，学生的潜能就一定能被激发，提出高质量的问题。教学相长，这对教师的教学工作也能起到很好的促进作用。

总而言之，通过这种朋辈互助的学习小组方式，由教师、学生、学习小组、特邀讲师构成的多主体教学生态系统内部搭建了一个多层次的多维互动网络，开展包括教师与学生、特邀讲师与学生之间的纵向互动，小组组长与学生、学生与学生、小组与小组之间的横向互动的多维互动，并通过不同类型的教学活动使两者有机融合，实现信息交流纵横交错的网状式立体结构。其中，学生与学生的互动是以学习小组为单位，包括学生个体与小组团体的组内互动、小组团体与小组团体之间的互动；小组组长在教学活动中承担着组织、协调、汇报等职责，教师的指令需要他们去传达和执行，这对小组组长的综合素质要求比较高，也有利于锻炼和提高他们的组织领导能力、管理能力和口才等。教师与小组组长之间的互动是保证教学活动得以顺利推进的关键。整个多维互动网络的顺利运转都是为了确保学生在教学活动中的主体地位，以充分调动学生的学习积极性。

### （三）开展多种多样的多维互动教学活动

为了提升在线教学条件下开展线上直播教学的教学效果，需要多增加教师与学生的互动交流，课程组可以设计丰富多彩的线上线下教学活动，多渠道实现师生之间和学生之间的多维互动。

第一，利用中国大学慕课网（爱课程网）平台的讨论区交流功能设计贴近现实的讨论题，引导学生关注时事中涉及的英语词汇，学会运用所学的知识阐述实际事件，提升学生的学习能力。另外，教师应直接参与讨论，结合国家相关政策和国际形势适时进行引导，培养学生的爱国情怀。学生还可以通过慕课平台拓宽其视野和思路。

第二，通过学习小组组内的学生互动、学习小组之间的互动、教师与小组组长之间的互动等，建立师生双向备课协作渠道。学生通过组内讨论、组组互动的多维互动方式，由小组组长汇总向教师提出学生通过慕课学习仍未解决的问题。学生在讨论过程中，对于自己感兴趣的内容，可通过上网查询资料等方式搜索相关信息，丰富知识面。教师能根据学生的提问掌握学生的学习难点和痛点，也弥补了教师在安排教学内容时考虑不周之处，从而合理规划和调整直播课堂教学内容，也使学生能更好地掌握学习重点与难点，实现师生双向协作备课。教师通过钉钉群使学生个体能直接与教师交流，提出更有个性化的问题和表达诉求，更好地照顾不同层次学生的个性差异和需求差异，真正实现从教师中心向学生中心的转变。

第三，将具有丰富留学经验的热心校友作为特邀讲师加入钉钉教学群，请校友结合自己学习语言的经验开展直播讲座和钉钉群互动，建立在疫情之下的特殊实践方式和创新的多维互动交流渠道。特邀讲师可以凭借其丰富的实践经验帮助学生拓宽视野，也能协助教师解决一些课本上无法找到答案的问题，对教师而言也是一个学习提高的过程。

第四，设计多元的考试环节，包括线上慕课单元测试、线上直播课堂的课前小测以及一个章节结束之后的在线课堂测验，题量不必过多，这样能随时检测学生的学习效果，突出教学重点，更好地督促和帮助学生掌握知识点，实现知识内化。

总而言之，疫情之后在线教学可能在中国甚至全球迎来爆发式的增长，对回归学校教室上课后的传统课堂教学方式也将产生重要影响。这需要教师和学生尽快适应这种新型教学方式。

## 第三节　大学英语教学中多维互动教学模式的应用研究

英语作为国际通用语言，在各项国际交流活动中起着重要的桥梁作用。高校英语作为基础性必修课程，以培养学生的英语实践应用能力为主要目标，因此在研究教学模式过程中应以更好地提升学生综合英语素养为主要目标。多维互动教学模式不仅是教学方法的创新，更是以提升学生的实践应用能力为主要研究方向，是实现我国高校人才培养计划的重要手段。深入分析和研究多维互动教学模式应用于高校英语教学过程中的相关策略，对于提高高校英语教学效果有着重要的促进作用。

## 一、大学英语教学中多维互动教学模式应用的重要意义

第一，打造更为活泼、生动的高校英语课堂氛围。高校英语教学更加注重学生实践应用能力的培养，多维互动教学模式的应用，可以充分发挥学生的创新思维，使教师和学生之间形成更加平等、和谐、融洽的关系。通过加强师生之间、学生之间的沟通和交流，可以有效促进良好氛围的形成。同时对其应用可以增进彼此间的交流、沟通、探讨等，使学生更好地融入英语语境，提升英语口语表达能力。

第二，充分激发学生的学习兴趣。多维互动教学模式可以更好地激发学生的学习兴趣，充分发挥其主体地位，使学生主动参与课程交流，进而促进学生实现自主表达，将所学知识应用于实践交流过程中。

第三，有利于构建更加和谐的师生关系。融洽的交流、活跃的课堂氛围，对于师生关系的和谐发展有着极大促进作用，可以使学生更加充分地表达自身疑问，缓解学习压力，从而利于学生创新意识的培养。

第四，充分发挥课堂教学作用，提升学生英语交际能力。多维互动教学模式的应用，可以利用情境式教学方法等，通过角色互换、任务选择、话题设置等教学手段，营造更好的语言环境，进而提高学生的听说读写能力，以及语言交际能力。

## 二、大学英语教学中多维互动教学模式应用的主要策略

### （一）增强多维互动教学模式全面认知

第一，高校和教师对多维互动教学模式开展全面认知和理解，从教学形式、内容、方法、意义、效果等方面进行深入调研，实现教学理念的转变，在实际教学过程中充分发挥学生的主体地位，实施该教学模式过程中注重互动交流方法的总结和研究。同时，学校应组织相应的培训工作，提升教师综合素质。教师还可通过互联网等教育资源获取更多教学经验，加深对该教学模式应用的正确理解，提升应用能力。

第二，注重开展多维互动教学基础的奠定。良好的师生关系、活跃的课堂氛围、生动有趣的教学内容可以更好地提升学生的学习兴趣，激发学生的主动性，进而为教学目标的实现奠定基础。

第三，加强教师对高校学生的了解。教师应在充分尊重学生的前提下实现教学模式的转变，这与现代学生关心的话题、自身专业特点、未来发展方向等有更加切实的联系。在

以上基础之上制订相应的教学内容和教学方法，为学生学习英语提供正确方向，并有针对性地开展创新意识的培养和指导，增强学生实践应用能力。

### （二）实现互动方式与教学内容的创新

多维互动教学模式是利用多样化的互动方式提升教学效果。如今，很多教师开展多维互动式教学，通常以教师提问、学生回答的方式为主，这样的互动方式，使学生处于被动地位。为了更好地提升教学效果，教师必须注重学生主体地位的体现，通过优化创新互动方式实施。例如，教师制订提问内容时，可以结合学生更加感兴趣的或者与其专业有关的话题总结实用性问题，提问内容应该更加具有开放性特点，不可过于局限，使学生有更多思考空间。

教师也可以利用学生兴趣进行深入探索，进而创造出更加良好的提问情境。教学内容与学生兴趣、专业等实现紧密结合可以使教学活动更加具有针对性，同时还可以营造出更加热烈的互动交流氛围，促进师生之间、学生之间实现更多交流和沟通。例如，教师可以依据英语教材内容开展多种形式的讨论式教学活动。分组式讨论可以更好地促进学生之间的沟通，使学生获取更多思维方式。教师必须发挥出指导性作用，对于学生间的实际交流情况进行掌握，发现问题及时纠正。还可通过互联网信息技术等获取相关的英语教学内容，实现教学内容的创新，使其更加贴近学生实际，特别是国际经济形势、文化交流内容等资源可以有效提升教学内容的实用性。

另外，高校英语教学对于学生实践应用能力的培养有着较高要求，因此可以利用多维互动教学模式开展形式多样的实践教学。例如，排练多种主题的英语剧，使学生通过扮演不同角色，在特定的语言环境中体会语法的正确使用，并加深对英语和汉语关系的了解和掌握。还可组织学生观看英语影视剧，将观后感使用英语进行总结和叙述，开展英语辩论赛等，形式多样的互动教学可以有效提升学生的英语交际能力。

### （三）全面发挥现代教育技术资源的作用

校园网、微信平台等作为现代教育技术资源，在开展多维互动教学过程中应得到充分利用，促进互动教学实现更广泛地开展和实施。教师在作业布置过程中，可以利用教学软件进行课题内容的布置。学生提交作业之后，教师可以通过公共平台进行点评，教师和学生之间还可开展交流和沟通，使作业点评更加具有开放性，促进教学效果的提升。同时，教师还可将获取的相关教学内容通过微信、腾讯 QQ 等形式进行共享和推送，学生依据兴趣、需求等进行选择性学习，提高教学内容的实用性。充分利用现代教育技术资源可以更好地提升多维互动教学模式的有效应用，提升教学效果。实现教学资源的优化利用是高校开展现代教育过程中必须使用的工具。

总而言之，多维互动教学模式应用于高校英语教学过程中，可以发现加强学校和教师对多维互动教学模式的全面认知、实现互动方式和教学内容的全面创新并充分发挥现代教育技术资源的作用，可以营造更加活跃的课堂氛围和更加融洽的师生关系，有效提升学生的学习兴趣、激发学生主动性、提高学生的实践应用能力，提升多维互动教学模式在高校英语教学中的应用效果。高校英语教学以培养学生英语综合应用能力为主要目标，多维互动教学模式的应用对提升学生英语交际能力有极大的促进作用，是实现高校英语创新教学的重要途径。

# 参考文献


[1] 朱金燕. 大学英语教学改革探索 [M]. 武汉：中国地质大学出版社，2018.

[2] 吕兴玉. 语言学视阈下的英语文学理论研究 [M]. 长春：东北师范大学出版社，2017.

[3] 丁睿. 大学英语教学发展研究 [M]. 长春：吉林人民出版社，2019.

[4] 李婷. 跨文化交际研究与高校英语教学创新探索 [M]. 北京：九州出版社，2019.

[5] 贺佳. 基于微课与慕课的大学英语混合式教学模式研究 [J]. 发明与创新·职业教育，2020 (12)：89.

[6] 黄建华，赵日海，程红霞. 实用英语教学理论研究与实践应用 [M]. 长春：吉林大学出版社，2012.

[7] 李颖，董彦. 现代教育技术 [M]. 合肥：中国科技大学出版社，2010.

[8] 陈燕琴. 基于慕课的大学英语混合式教学模式设计和实践 [J]. 湖北函授大学学报，2019 (1)：183.

[9] 郑秀英，崔艳娇，孙亮，等. “以学生为中心”的高校教学督导工作探索 [J]. 教学研究，2019 (5)：44.

[10] 吴岩. 新使命大格局新文科大外语 [J]. 外语教育研究前沿，2019 (2)：7.

[11] 李红霞. 大学英语教学研究 [M]. 天津：天津科学技术出版社，2017.

[12] 曹倩瑜. 英语教学理论与教学法 [M]. 西安：西安交通大学出版社，2017.

[13] 郑家福，江超. 英语课堂教学中合作学习小组分组的问题及策略 [J]. 教育理论与实践，2015 (11)：54.

[14] 刘爱军. 网络环境下大学英语合作学习模式的构建 [J]. 中国电化教育，2011 (6)：110.

[15] 闫美荣. 大学英语自主学习语境创设 [J]. 现代英语，2020 (20)：121.

[16] 杜中全，云天英，王晓来. 论网络环境下的大学英语自主学习 [J]. 中国电化教育，

2012（6）：112.

［17］薛建强. 大学英语移动学习模式的构建与发展研究［J］. 实验技术与管理，2014（3）：176.

［18］张静. 大学英语教学中培养学生反思性学习能力研究［J］. 现代英语，2020（20）：46.

［19］马琴. 大学英语个性化教学研究［D］. 重庆：西南大学，2017：40.

［20］陈洁. 基于微课的大学英语教学策略研究［J］. 校园英语，2022（3）：12.

［21］何彬. 线上线下相结合的大学英语混合式教学模式探究［J］. 英语广场，2022（6）：102.

［22］康娜. 传统课堂+慕课的大学英语混合式教学模式研究［J］. 现代英语，2022（8）：21.

［23］王子彦. 关于大学英语多维互动教学模式的行动研究［J］. 当代教育实践与教学研究（电子刊），2016（12）：412.

［24］陈琛，李小花，周芬芬. 多维互动教学模式在高校英语教学中的实践与应用［J］. 现代英语，2022（8）：9.

［25］邵春曼. 多维互动教学模式在高校英语教学中的实践与应用［J］. 黑龙江教师发展学院学报，2021（12）：133.

［26］任重远，李景林，付佳灵. 多维联通的大学英语课堂混合教学模式构建与实证研究［J］. 青海师范大学学报（哲学社会科学版），2021（2）：146.

［27］姜洋. 大学英语多维互动教学模式行动研究［J］. 科技资讯，2020（19）：109.

［28］逄怡青，应林忠. 独立学院大学英语多维互动教学模式实践与研究［J］. 海外英语（上），2015（7）：63.

［29］郑金萍. 引入慕课资源的大学英语翻转课堂教学模式实证研究［J］. 文教资料，2021（10）：218.

［30］张丽坤. 基于慕课的大学英语混合式教学模式探究与实践［J］. 现代英语，2020（12）：43.

［31］赵旭. 基于慕课的大学英语混合式教学模式研究与实践［J］. 黑龙江教师发展学院学报，2022（6）：136.